*Niederungen unseres täglichen Lebens
mit Sternen und Sonnen vergessen.«*

Lama Anagarika Govinda

Die Fotos vor dem Inhaltsverzeichnis und auf den Seiten 16, 26, 36, 44, 54, 60, 68, 78, 84, 94, 106, 114 sowie am Ende des Buches stammen von Claudia Mucha, Berlin.

ISBN 3-466-36625-9
© 2003 by Kösel-Verlag GmbH & Co., München
Printed in Germany. Alle Rechte vorbehalten
Druck und Bindung: Kösel, Kempten
Umschlag: Kaselow-Design, München
Umschlagmotiv: Claudia Mucha, Berlin

Inhalt

EIN-LEITUNG 1

5

DER WEG DURCHS GEBIRGE 2

15

Eintritt	16
Gehen	26
Sehnsucht	36
Stille	44
Weite	54
Gipfel	60
Einsamkeit	68
Erschöpfung	78
Ziel	84

PRAXIS UNTERWEGS 3

93

Wahl des Weges	94
Gestaltung der Tage	106
Sicherheit und Ausrüstung	114

ANHANG

121

Anmerkungen	122
Literatur	123
Adressen	125

EINLEITUNG 1

Das weiche Morgenlicht weckt mich,
ich schleiche zurück zu der Hütte und bemerke
die Schönheit der Berge.
Mir laufen die Tränen hinunter.
Meine Angst und Unrast der vergangenen Tage
ist einem Gefühl der Erschöpfung und
Gelassenheit gewichen. Das erste Licht
der Berge, wie weich, wie rötlich, welche Kraft.
Für Momente habe ich das Gefühl,
wunschlos zu sein, ich glaube,
man nennt das Glück.

Reinhard Karl[1]

Das Gebirge ist ein wundersamer Ort. Menschen verstummen hier staunend und suchen mühevoll nach Worten, um zu benennen, was eigentlich sprachlos macht. Reinhard Karl ist auch nach unzähligen Touren vom ersten Licht in den Bergen jedes Mal erneut überwältigt. Und er staunt diese Welt an, als habe er noch nie zuvor die Sonne aufgehen sehen.

Das Gebirge ist ein ungewöhnlicher Raum. Es ist schwer, sich hier einzugewöhnen. Zu ausgesetzt und leer ist diese Landschaft, zu existenziell fordernd die Atmosphäre, zu unverfügbar deren Bedingungen.

Auch die Zeit verändert sich an diesem Ort. Sie steht in gewisser Weise still im hohen Gebirge. Die Welt wird unbewegter hier oben. Berge haben eine stille Geschichte und es gibt auch in den bergtouristisch vergleichsweise stark erschlossenen Alpen Orte, an denen sich in den letzten Jahrtausenden wenig verändert hat. Bewegung, Veränderung, Entstehen und Vergehen als Ausdrucksweisen von Zeit, in denen uns diese erst anschaulich wird, verlieren sich in zunehmender Höhe. Georg Simmel hat in seinem Essay »Die Alpen« die Erfahrung der Zeitenthobenheit in der hochalpinen Natur beschrieben, die ein mit anderen Landschaftseindrücken nicht vergleichbares Gefühl der Lebensferne (nicht Lebensverneinung) evoziert.

»Die Alpen ... sind nicht das Sinnbild der Verneinung des Lebens, sondern eines ›Anderen‹ schlechthin, der Unberührtheit von der zeitlichen Bewegtheit, die die

Form des Lebens ist. Das Firnrevier ist sozusagen die absolut unhistorische Landschaft: hier, wo nicht einmal Sommer und Winter das Bild wandeln, sind die Assoziationen mit dem werdenden und vergehenden Menschenschicksal abgebrochen.« [2]

In diesem hohen, lebensfernen, geschichtslosen Raum taucht eine Frage auf.

Es war nie leicht, als Mensch von Gott zu wissen oder gar irgendetwas über ihn denken oder sagen zu wollen. Aber es gibt Orte, an denen die Frage nach Gott, das Gebet, die Suche nach der Wahrheit aufgehoben sind – leere, stille, zeitenthobene Plätze, in funktionaler Hinsicht nutzlos, der menschlichen Verfügbarkeit entzogen. Es liegt etwas Entgrenzendes und Erkenntnisweitendes in der Atmosphäre dieser Orte.

Solch ein Raum ist auch das Gebirge. Wie weite Meere und ausgedehnte Wüsten ist es entlegen, einsam, still und in eindeutiger Weise für uns Menschen unbeherrschbar und unverfügbar. Im Unterschied aber zu diesen gleichermaßen gewaltigen Landschaften ist das Gebirge geprägt durch die vertikale Raumdimension und Linienführung. Das Unterwegssein ist eine wechselnde Bewegung in die Höhe und Tiefe, ein Durchsteigen verschiedener Vegetations- und Klimastufen im Aufstieg, Überschreiten von Pässen und Erreichen eines Endpunktes am Gipfel, an dem es nicht mehr weiter nach oben geht. Stärker als bei anderen Landschaften bestimmen Übergänge und Grenzüberschreitungen das Unterwegssein im Hochgebirge. Das Gehen in dieser Welt der Grenzen und Ausblicke verändert das Denken und Fragen. Unausweichlicher als andere Landschaften vermittelt das Gebirge einen Transzendenzbezug – die Erfahrung also eines ergreifenden Wissens von der Tiefe des Seins und des Lebens. An dieser Grenze werden Menschen sprachlos, staunen, fragen und verstummen wieder. Oder sie weinen.

Gottfried Benn beendet sein Gedicht »Menschen getroffen« mit einer solchen transzendenten Denkerfahrung, die ihm ein Wissen darum vermittelt, was das Leben begründet.

Ich habe mich oft gefragt
und keine Antwort gefunden,
woher das Sanfte und das Gute kommt,
weiß es auch heute nicht
und muss nun gehen.

Was sind Bergexerzitien?

Exerzitien haben eine lange Tradition. Unter dem Begriff »Exercitia spiritualia« fasst die asketische Sprache des Mittelalters Übungen zusammen, die der Vertiefung des geistlichen Lebens dienen[3]. Neben dem Gebet, der Meditation biblischer Texte und der Auseinandersetzung mit der eigenen Lebenswirklichkeit, sind die Erfahrungen der Einsamkeit und Stille wesentliche Elemente dieses geistlichen Weges.

Exerzitien brauchen Zeit. Die klassischen ignatianischen Exerzitien dauern vier Wochen, aber schon Ignatius hat davon abweichende Formen als legitime Adaptationen vorgesehen.

Bei Bergexerzitien führt dieser Weg der geistlichen Vertiefung durchs Gebirge. Das Gehen und Steigen ist ein integraler Teil der Exerzitien. Zwei grundlegende Annahmen bilden die Voraussetzung für die Möglichkeit von Bergexerzitien:

Erstens: Die Berge sind ein Ort, der sich in besonderer Weise für den Prozess einer spirituellen und existenziellen Auseinandersetzung mit Fragen der eigenen Lebenswirklichkeit und Gotteserfahrung eignet. Im Sinne der Annahme einer wechselseitigen Bezogenheit und Einflussnahme von dem, was wir vorhaben, und dem Ort, wo wir es zu tun gedenken, ist es gut, den Weg der geistigen Suche durch die Berge führen zu lassen.

Zweitens: Das tägliche Unterwegssein im Gebirge, das Steigen und lange Gehen, ist eine Bewegung, die den Exerzitienprozess intensivieren kann.

Das Gebirge ist ein wundersamer Ort – auch, vielleicht sogar besonders, um der Frage nach Gott nachzugehen. Das zu zeigen ist Zweck des Buches.

Es ist ein Buch für alle, die in den Bergen etwas erfahren haben, was sie bindet an diese Welt jenseits der Ebenen – eine ungekannte Tiefe, Stille, Weite, eine Nähe zum Leben, zu Gott?

Und es ist ein Buch für alle, die das Gebirge entdecken wollen. Nicht nur die ausgewiesenen Gipfel und bergtouristischen Sehenswürdigkeiten, auch das, was auf dem Weg widerfährt.

Schließlich ist es ein Begleitbuch für Gruppenleiter, die selbst Bergexerzitien anbieten wollen.

Für Bergexerzitien empfiehlt sich ein Zeitraum von mindestens vier Tagen. Bleiben Sie nach Möglichkeit in diesen Tagen im Gebirge, und steigen Sie nicht am Ende jedes Tages wieder in das Tal ab.

Die Texte dieses Buches eignen sich selbstverständlich auch als Begleitung auf kürzeren Touren in den Bergen. Oft ist schon ein langer Tag im Gebirge eine sehr eindrückliche Erfahrung. Für einen Exerzitienprozess aber braucht es mehr Zeit als einen Tag.

Sie können Bergexerzitien alleine oder in einer Gruppe durchführen. Beides ist gut möglich und hat seinen je eigenen Charakter. Sind Sie allein, ist der Weg durchs Gebirge weit stärker noch als das Unterwegssein in der Gruppe in dieser entlegenen Landschaft geprägt durch Erfahrungen von Ausgesetztsein, Stille, Einsamkeit, auch Angst. Diese Form von Bergexerzitien ist eine herausfordernde Grenzerfahrung. Sie sollten sich vor Aufbruch genau überlegen, ob Sie sich dieser intensiven Einsamkeitserfahrung aussetzen wollen und wie Sie im Falle einer Verletzung oder eines Unfalls schnell wirkungsvolle Hilfe bekommen können. Es empfiehlt sich, einen nicht zu abgelegenen Weg zu wählen.

Ob Sie diesen Raum in den Tagen des Wanderns als voll, leer, faszinierend, furchterregend, weit, eng, verletzend oder heilend erleben, bleibt offen. Und ebenso, ob und wie in diesen Tagen auf die immer wieder verändert auftauchende Frage nach Gott eine Antwort gefunden wird. Eine Erfahrung kann nicht vorherbestimmt, willkürlich initiiert oder gar erwartet werden. Wir bestimmen nicht Weise Ort und Zeit einer Erfahrung, sie widerfährt uns vielmehr[4].

Durchs Buch

Das folgende Kapitel »Der Weg durchs Gebirge« bildet den Hauptteil des Buches. Wir haben neun Themen ausgewählt, um den Weg der Bergexerzitien zu markieren. Es sind Punkte des Weges, aber auch prägende Atmosphären des Gebirges. Jedem Abschnitt vorangestellt ist ein ausgewählter Text, der in das Thema in besonders eindrücklicher Weise einführt. Bei der Auswahl dieser Zitate haben wir neben biblischen Texten auf ganz verschiedene Autoren zurückgegriffen. Sollten Sie selbst als Leiter Bergexerzitien für eine Gruppe veranstalten, finden Sie zudem weiteres Textmaterial in den einzelnen Abschnitten.

In vielen dieser neun Teile finden Sie zudem eine Anregung für eine meditative Übung zum Thema. Diese ist mit einem Symbol am Rand gekennzeichnet. Es handelt sich hier um einen Vorschlag; vielleicht finden Sie auch ganz andere Wege, mit dem Thema umzugehen.

Anregungen zu praktischen Fragen wie beispielsweise die Auswahl eines geeigneten Weges, die thematische Gestaltung und einige nützliche Hinweise zur Ausrüstung finden Sie im Kapitel »Praxis unterwegs«.

Wir haben diese Texte auch als Begleitbuch für unterwegs zusammengestellt. Nehmen Sie also diese Sammlung mit, wenn Sie in den Bergen unterwegs sind. Gehen Sie mit diesem Buch. Sie werden dann mehr darin entdecken, als wenn Sie es nur zu Hause lesen.

Schneefrühe

Weder untief noch tief,
genug, um den Blauen
Stern zu sehn:
Klarheit, entschärft,
die Felder befriedet,
Gelände Land.

Keine Spur.
Eine neu Erde
Und ein neuer Himmel,
uns zugefallen
in dichter Nacht,
gebreiteter Glanz
einer Flockenheide,
unbegehbar
der Schnee von Eden.

Erika Burkart[5]

2 DER WEG DURCHS GEBIRGE

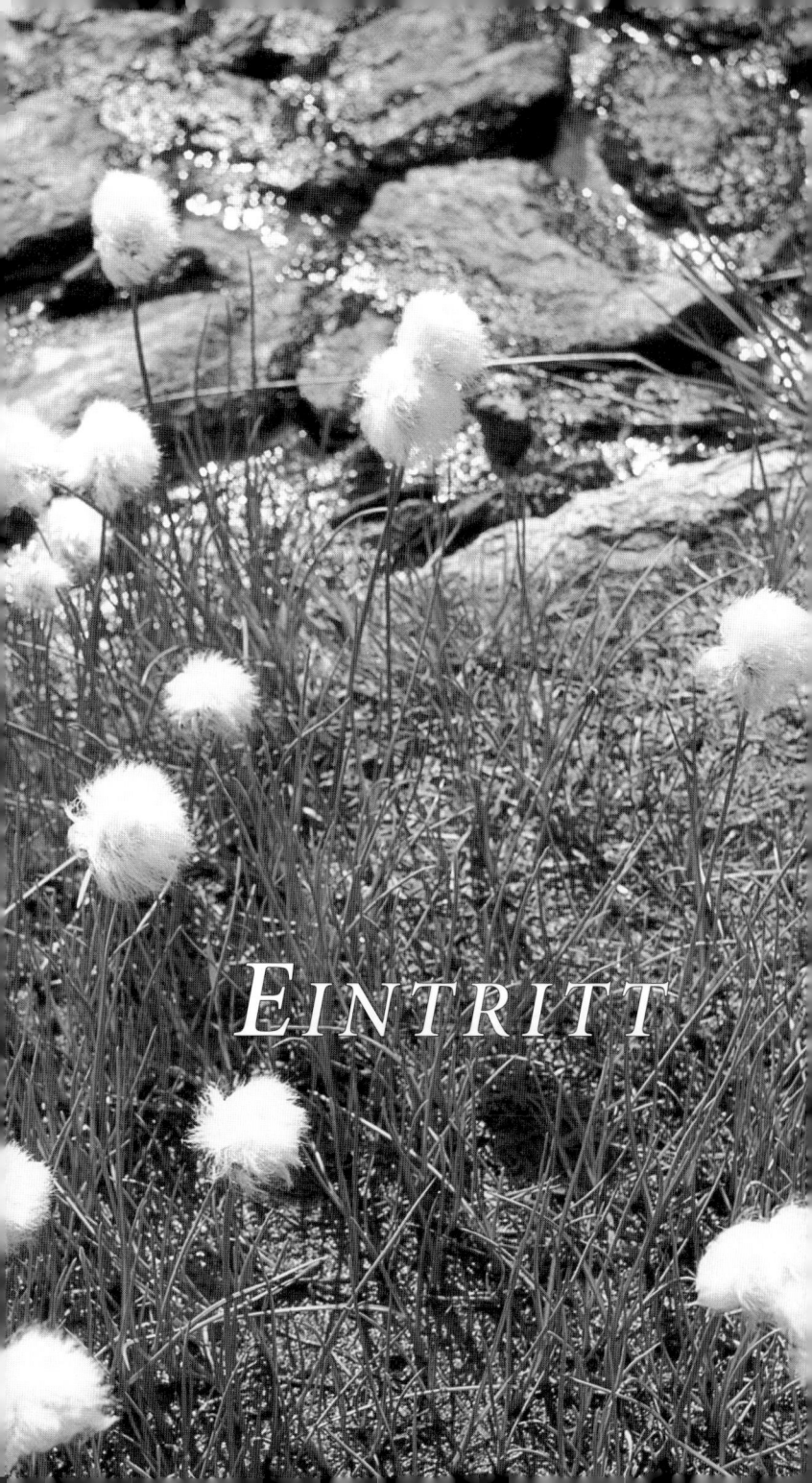

EINTRITT

Hier ist das Leben von etwas umfangen
und irgendwie in etwas hineingewebt,
das stiller und starrer, reiner und höher ist,
als das Leben je sein kann.

Georg Simmel

Schwerer Eintritt

*Wir zogen los. Vor allem gespannt auf die nun begin-
nende Zeit in den Bergen, in die ich eine unbestimmte,
aber sehr anspruchsvolle Erwartung legte. Es wurde ein
schwieriger Tag. Ich wusste nicht, was mich am meisten
erschöpfte: Der nicht enden wollende Lauf über den
öden, staubigen, heißen Weg, den ich anfangs noch mit
einer gewissen verhaltenen Euphorie, später dann zunehmend apathisch, nur noch das Ende herbeisehnend,
zurücklegte; die unerwartete Mühe des Steigens oder
das Gefühl einer nicht oft zuvor erlebten physischen
Schwere, die ich abschütteln wollte, aber nicht konnte.*

*Ich weiß nicht mehr, wie ich schlief in dieser ersten
Nacht auf einer Wiese am Jägerlager Spasimata in den
Bergen Korsikas. Am Morgen gingen wir weiter, obwohl
ich unausgesprochen wünschte, umzukehren. Die folgenden Tage brachten eine gewisse Eingewöhnung in
diesen Raum und seine Bedingungen. Der Rucksack,
das Gehen, das Steigen, das knappe Wasser und sparsa-
me Essen wurden zu etwas Selbstverständlichem. Der
verwirrende Eindruck aber, hier im Gebirge in einen
sonderbaren Raum eingedrungen zu sein, blieb. Es gab
Zeiten in diesen Tagen, da hatte ich das Gefühl, nie zuvor eine solche fast betäubende Stille vernommen zu haben. Und es gab Blicke von manchen Orten, deren
fürchterlich schöne Weite und Tiefe ich nicht vergessen
habe.*

*Ich erlebte das Gebirge als aussetzend und fordernd.
Zugleich war diese Landschaft aber auf eine wundersame Weise schützend und bergend. Es war ein Spiel zwi-*

schen entfremdender Lebensferne und entgrenzender
Lebensnähe, in das ich mich verwickelt fühlte. Nach
vier Tagen brach ich den Weg ab, bis zuletzt unsicher,
ob dieser verfrühte Ausstieg die richtige Entscheidung
war. Ich glaubte, die Kargheit, Ausgesetztheit und Le-
bensferne dieser Natur nicht länger ertragen zu können.
Aber etwas aus diesen Tagen hat mich nicht losgelassen.
In den folgenden Jahren bin ich oft wieder aufgebrochen
in die Berge – ich hatte etwas erlebt, was ich verstehen
wollte.

Der transzendentale Raum

Ganz verschieden sind die Wege in die Berge hinein –
aber immer ist es ein Eintritt in eine Landschaft, die
in besonderer Weise eindrucksvoll und anspruchsvoll ist. Georg Simmel hat sich in seinem Aufsatz
»Die Alpen« aus dem Jahre 1911 getraut, das Hochgebirge als einzige transzendentale Landschaft[6] zu bezeichnen. Das Gebirge als transzendentaler Raum?
Als Landschaft, die durch die Atmosphäre der Grenz-
begegnung, die Bewegungen des Übersteigens und
Überschreitens und einer gewissen Zeitlosigkeit und
veränderten Raumdimension geprägt ist, als besonderer Ort der Gottesbegegnung in der Natur? Diesen
eigenartigen Eindruck der Transzendenzbezogenheit
beim aufmerksamen Unterwegssein im Gebirge hat
Simmel zutreffend in der Erfahrung beschrieben, die
diesem Kapitel vorangestellt ist. Die Welt des sinnlich
Erfahrbaren ist in den Bergen dünn und transparent.

Das Leben ist tief hier, umfangen und getragen von
dem Sein, das unergründlich und doch gegenwärtig
ist. In manchen Augenblicken öffnet sich der Blick
auf Gott, in dieser irgendwie ewigen Landschaft.

Den flüchtigen transzendentalen Blick erleben wir in
den Bergen oft als eine atmosphärische Wahrnehmung. Die Erfahrung einer sonderbaren Stille, die
Schau in eine wundersame Weite, das Abtauchen in
eine erfüllte Leere.

Auch die Nähe und Gegenwart des Geistes Gottes
wird in den biblischen Berichten im Alten wie im
Neuen Testament häufig als räumliche und atmosphärische Erfahrung dargestellt. Die Ruach, der
Geist Gottes im Alten Testament, ist durch die Prä-
position »über« gekennzeichnet. Er schwebt unfass-
bar, aber doch wirkmächtig über allem lebendigen
Sein. Auch im Neuen Testament bleibt der Heilige
Geist der sinnlichen Erkenntnis verborgen. Er wird in
verschiedenen Zusammenhängen in Analogie zum
Spiel des Windes beschrieben – ebenso unbestimm-
bar präsent und unbegreifbar wirksam. Besonders
eindrücklich wird dieses Bild im tiefen nächtlichen
Gespräch mit Nikodemus von Jesus entwickelt:

*»Der Wind weht, wo er will; du hörst sein Brausen,
weißt aber nicht, woher er kommt und wohin er geht. So
ist es mit jedem, der aus dem Geist geboren ist« (Johannes 3,8).*

Der Bergraum

Es ist gut, sich das Gebirge als Raum vorzustellen. Der Eintritt in einen neuen Raum ist geprägt durch die Schwelle, die den zu verlassenden von dem zu betretenden Raum trennt. Die erste und zugleich oft schon sehr intensive und prägende Erfahrung beim Eintritt in einen Raum ist die Wahrnehmung der Atmosphäre. Diese Atmosphäre ist durch viele Eindrücke bestimmt: nicht nur ästhetische Merkmale, auch Gefühle von Enge oder Weite; Lebendigkeit oder Verlassenheit; Stille oder Lärm. Wie in jedem betretenen Raum, so haben wir auch im Gebirge die Aufgabe, während der ersten Zeit die Atmosphäre wahrzunehmen, sich einzufinden in den neuen Weiten und Grenzen.

Je tiefer und weiter der Weg in den Raum hineinführt, um so stärker wird auch der Eintritt als ein solcher erfahren. Jeder Eintretende lässt etwas zurück und begegnet beim Übergang in den neuen Raum der Welt in anderer Weise. Das ist beim Eintritt in das Gebirge nicht anders, nur noch ausgeprägter. Hier beginnen Bergexerzitien. Am Übergang von Alltag und Gebirge nimmt die markante Spur jedes Einzelnen in die Tiefe, Ausgesetztheit und Stille der Berge ihren Anfang.

Es ist nicht leicht, sich auf die Berge einzulassen. Der Beginn ist oft mühsam und begleitet von vielen banalen Unbequemlichkeiten. Der Prozess der oft be-

schwerlichen Aneignung des betretenen Raumes ist
also die erste Aufgabe, die sich auf dem Weg stellt.
Aneignung und Einfindung gelingen immer dann,
wenn die Perspektive sich auf das Unmittelbare ein-
grenzt, oder vielleicht besser, weitet. Und dieser Weg
braucht Zeit.

Nehmen Sie sich Zeit für den Eintritt ins Gebirge.
Sie sind nicht hier, um in möglichst kurzer Zeit
zum Gipfel und zurück zu rennen.
Vielleicht verstauen Sie die Uhr im Rucksack, um
nicht ständig in dem bewusstlosen Rhythmus einer augenblickslosen, gleichförmigen Zeitrech-
nung weiter zu treiben. Vergessen Sie das Ende,
das Ziel des Weges, egal wie weit oder wie kurz
dieser auch ist.

Schauen Sie sich um! Verlieren Sie sich in den
sonderbaren und wundersamen Blicken und Bil-
dern im Gebirge. Vielleicht erleben Sie etwas
von der Weite, Tiefe und Stille dieser Welt – und
vielleicht passt es, in diese Bergstille hinein, die
Worte des uralten Segens im Psalm 121 zu sprechen:

Psalm 121

Ich hebe meine Augen auf zu den Bergen:

Woher kommt mir Hilfe?

Meine Hilfe kommt vom Herrn,

der Himmel und Erde geschaffen hat.

Er lässt deinen Fuß nicht wanken;

er, der dich behütet, schläft nicht.

Nein, der Hüter Israels schläft und

schlummert nicht.

Der Herr ist dein Hüter, der Herr gibt dir

Schatten;

Er steht dir zur Seite.

Bei Tag wird dir die Sonne nicht schaden

noch der Mond in der Nacht.

Der Herr behüte dich vor allem Bösen,

Er behüte dein Leben.

Der Herr behüte dich, wenn du fortgehst und

wiederkommst,

von nun an bis in Ewigkeit.

Gehen

Zu den alltäglichsten Dingen unseres Alltags
gehört das Gehen. Man denkt nur daran,
wenn man nicht mehr gehen kann,
sondern eingesperrt oder gelähmt ist.
Dann empfindet man das Gehenkönnen
plötzlich als Gnade und als Wunder.
Wir sind nicht Pflanzen, die an eine ganz
bestimmte vorgegebene Umwelt gebunden sind,
wir suchen selbst unsere Umwelt auf,
wir verändern sie. Wir wählen und – gehen.
Wir erleben uns im Wandeln als die sich selbst
Wandelnden, als die Suchenden, die erst noch
ankommen müssen. Wir erfahren,
dass wir die Wanderer zu einem Ziel,
aber nicht die ins bloß Leere Schweifenden
sein wollen.
Wir gehen, wir müssen suchen.
Aber das Letzte und Eigentliche kommt uns
entgegen, sucht uns, freilich nur,
wenn wir gehen, wenn wir entgegengehen.

Karl Rahner[7]

Aufbrechen

Laufen und Gehen sind die elementarsten menschlichen Bewegungsformen – auch in einem metaphysischen Sinn. Gehen in ganz verschiedenen Rhythmen ist die Meditationshaltung der Bergexerzitien. Es ist im Gebirge meist ein Steigen, stark geprägt durch das Ineinanderfallen von horizontaler und vertikaler Raumdimension. Durch die Höhe und Tiefe des Raumes ist der Weg im Gebirge oft ein Weg zum Ziel nur mit großen Umwegen und Abweichungen. Pässe werden mühsam überquert, um jenseits in ein anderes Tal abzusteigen, Gipfel überschritten oder umgangen. Das Ziel des Weges ist bestimmend für den Verlauf, zugleich aber auch fern, vage, unsichtbar. Das Gehen und Steigen hat etwas Zeit- und Endloses. Die unsere Alltagswirklichkeit stark reglementierenden Parameter der Zielgerichtetheit (Woher, Wohin) und zeitlichen Orientierung werden in bestimmten Phasen des Unterwegsseins unpräzise und irrelevant. Und es ist gut, wenn das Gehen streckenweise ziellos wird. Dann eröffnet sich ein Raum für das, was Rahner das Letzte und Eigentliche nennt, das uns Gehende erwartet und uns entgegenkommt.

Ausdrücklich ist diese finale Bestimmtheit und gleichzeitige Unbestimmtheit des Weges in dem altgriechischen Verb für gehen »erchomai« angelegt, das der medialen Form als dritte mögliche Zustandsform des Verbs neben Aktiv und Passiv zugehört. Diese grammatikalische Form ist in diesem Fall ein besonders treffender Ausdruck der begrifflichen Bedeutung. »Gehen«, besser noch »aufbrechen«, ist ein aktives und passives Geschehen zugleich. Jeder Aufbrechende setzt sich in Bewegung, wird aber auch von etwas bewegt und angezogen. Gehen, Aufbrechen und Losziehen ist eine Grundbewegung des christlichen Glaubens. Der biblische Weg der Gottessuche und Gotteserfahrung ist durch Aufbruch, Auszug und Unterwegssein bestimmt. Und das Ziel des Wegs war zu Beginn oft noch unbekannt, aber schon wegweisend.

Das Gehen, Steigen, der allmorgendliche Aufbruch und die erschöpfte Ankunft am Abend – in diesen, den Tag der Bergexerzitien strukturierenden Bewegungen und Elementen bilden sich viele Fragen des Lebens ab.

Ein langer Weg durch die Berge gleicht einem biografischen Prozess. Die Wegführung im Gebirge entspricht in den vielen Unebenheiten, Auf- und Abstiegen, Übergängen, Windungen und Ausweglosigkeiten der biografischen Linienführung. Und das Gehen selbst ist eine wundersame Weise, die Tätigkeit des Lebens nachzuspielen. Gehen ist wie Leben: Aufbruch und Ankunft, Initiative und Fügung, Angst und Hoffnung, Leere und Sinn, erschöpfende Schwere und spielerische Leichtigkeit, umherirrendes Suchen und glückseliges Finden. Diese Analogie zum Leben gibt dem Gehen die existenzielle Tiefe und den metaphysischen Sinn.

Aufstieg

Gehen wird in den Bergen zum Steigen. Es ist gut, diesen Prozess des Aufsteigens sehr aufmerksam in seiner Stufung wahrzunehmen.

Vor dem Erreichen der Höhe steht meist ein langer, beschwerlicher Durchstieg der Waldregion. Der Blick ist reduziert, die Landschaft verhüllt und schattig, der Himmel oft verborgen. Das Gehen im Wald ist manchmal eintönig und geprägt von der Hoffnung auf eine Lichtung der Dichte und damit die Öffnung des Blickes. Es kann aber auch ein bewusstes Sich-Einlassen auf die Undurchsichtigkeit und das traumähnliche Element dieser Landschaft sein. Im Wald prägen noch nicht die Weite, Ausgesetztheit und auch Abgründigkeit der Landschaft die Atmosphäre.

Irgendwann aber lichtet sich der Wald. Wir sind jenseits der Baumgrenze. Das ist ein besonderer Augenblick. Hier beginnt das Gebirge wirklich, hier überschreiten wir noch einmal nach dem Eintritt im Talgrund eine Schwelle, die uns in die Stille und Leere des Hochgebirges führt. Nehmen Sie sich hier Zeit zu schauen: Der sich weitende Himmel, die Veränderung der Farben und Formen, die Zeitenthobenheit dieser Landschaft, die Ausgesetztheit und Abgründigkeit des weiteren Weges in die Höhe.

Atmen

Es ist wie mit allem, was wir unwillkürlich selbstverständlich tun: Erst wenn das Geschehen dem geläufigen Rhythmus entgleitet, kommt es uns zu Bewusstsein.

Unser Atem verändert sich im Steigen und in der
Höhe. Er wird kürzer, flacher, schneller, mühsamer,
vor allem vordergründiger. Der Vollzug dieses Rhythmus von Fülle und Leere, Weite und Enge wird uns
auf ungewohnte Weise präsent. Leben ist Atmen.
Helga Peskoller hat sehr schön die existenzielle Dichte der Erfahrung von großer Erschöpfung und Atemlosigkeit am Gipfel als sonderbaren Zwischenzustand
beschrieben:

*»Der Gipfel ist ein Ort, an dem der Mensch ganz beson-
ders gut hören muss. In der Stille des Gipfels hört er seinen Atem. Diese kleine Bewegung des Atems unterrich-
tet aber das Große von Leben und Tod. Es ist ein Leiden,
wenn der Atem aufhört und nicht aufhört. Geburt wie
Tod machen sich in dieser kleinen Bewegung bemerk-
bar. Der Gipfel ist weder ein Ort des Sterbens noch ein
Ort des Lebens, hatten wir vorhin gesagt. Genauso gut
ließe sich das Gegenteil behaupten: Der Gipfel ist sowohl ein Ort des Lebens als auch des Sterbens. Aber im
Aufeinandertreffen beider entgegengesetzter Bewegungen – dem Ein- und dem Ausatmen – kann weder ganz
gelebt noch wirklich gestorben werden.«*[8]

Atmen ist kein mechanischer Prozess zur Betriebser-
haltung. Die Atmung ist Bedingung und Ausdruck
unserer Lebendigkeit in aller Weite, Dichte, Tiefe
und in dem unverfügbaren Möglichkeitsspielraum,
der uns als individuelle Person zu eigen ist. Es gibt einen vertrauten Begriff, der in der jüdisch-christlichen
Tradition das Lebens- zentrum jedes einzelnen Menschen bezeichnet wird: die Seele. Hier ruht das Leben
in der ganz eigenen, unergründlichen und unableit-
baren Weise. Und hier ruht auch der physische Atem
in jenem schöpferischen Lebensatem, den wir tief in
uns bewahren. In der zweiten Schöpfungserzählung
im Buch Genesis steht der »Odem des Lebens« am
Beginn des lebendigen Seins.

*»Und Gott gestaltete den Menschen aus dem Staub der
Erde und hauchte ihm in sein Antlitz den Odem des Le-
bens ein, und es wurde der Mensch eine lebendige Seele«
(Genesis 2,7).*

Auch die Seele atmet. In der großen Tradition der jü-
dischen Mystik wird gelehrt, dass der äußerlich wahr-
nehmbaren physischen Atemtätigkeit eine verborgene Atmung unserer Seele entspricht. Auch diese Atmung ist lebensnotwendig und geprägt durch den
Rhythmus von Fülle und Leere. Valentin Tomberg
hat diesen tiefen Gedanken der mystischen Tradition
in einer Meditation beschrieben:

*»Es gibt ... den innerlichen Atem der Seele, die in Gebet
und Meditation Gott ebenso atmet, wie der Leib die
Luft. Jener ist der Atem der Gesundheit, dieser ist der*

*der Religion. Und wie der Mensch die Luft zum Atmen
braucht für sein leibliches Leben, so braucht er auch den
Atem in Gott, das Gebet und die Meditation der Religion, für sein seelisches Leben.«*[9]

Bewegen Sie sich ruhig, gleichmäßig, eher langsam durch die Berge. Das Wichtigste: Suchen
Sie im Gehen und im Atmen Ihren Rhythmus.
Auch wenn anfangs die Mühe des Steigens, die
Atemlosigkeit und Schwere des Rucksacks über-
wiegen – es gibt einen Punkt, an dem das Gehen
leicht wird. Und dann ist es auf einmal so, als hät-
ten Sie nie etwas anderes getan, als mit Ihrem
Rucksack auf und ab durch das Gebirge zu gehen.

Das Wissen, dass Gehen eine Meditationshaltung ist, ist tief eingewurzelt im Gebetsleben der
mönchischen Tradition. Zwei Formen der Geh-
meditation lassen sich unterscheiden. Sie können sich vor Aufbruch für eine Methode entscheiden oder auch beide nacheinander praktizie-
ren.[10]

Bei der *ersten Methode* steht die Tätigkeit des
Gehens und Atmens selbst im Zentrum der me-
ditativen Aufmerksamkeit. Versenken Sie sich in
das Gehen und Atmen und suchen Sie den
Punkt, an dem die Gehbewegung und der
Atemrhythmus nicht mehr gegeneinander laufen. Grundsätzlich sollten Sie bei einer Gehme-

ditation eher langsam gehen. Zählen Sie eine
Zeit lang die Schritte während eines Atemzuges.
Finden Sie das richtige Verhältnis von Einatmung
und Ausatmung. Auf ebenen Wegstücken können Sie die Ausatmung länger ausdehnen. Sie
werden spüren, welche meditative Kraft das ein-
fache Gehen hat.

Bei der *zweiten Methode* wählen Sie einen kurzen Text, den Sie im Gehen stumm oder laut
sprechen und meditieren. Das kann ein kurzes
Gebet sein, das Sie auswendig können, eine Bi
belstelle oder ein anderer Text, der dazu geeignet ist, Ihrer Meditation Tiefe zu geben. Sie müssen nach diesem Text suchen; es ist wenig sinnvoll, hier irgendwelchen Vorgaben zu folgen.
Wenn Sie unschlüssig sind, welcher Text das
sein könnte, schauen Sie einmal die Psalmen
durch, das große Gebetsbuch der Kirche. Vielleicht ist auch unter den verschiedenen Texten,
die wir für dieses Buch ausgewählt haben, einer, den Sie in diese Meditation hineinnehmen
möchten.

SEHNSUCHT

DER WEG
ZUR QUELLE

Und wanderte ich allein:

Wes hungerte meine Seele

In Nächten und Irr-Pfaden?

Und stieg ich Berge,

Wen suchte ich je,

Wenn nicht dich,

Auf Bergen?

Friedrich Nietzsche[11]

Wunsch-Macht

Was ist der Grund meines Handelns tagtäglich? Was möchte ich bewirken, gibt es da konkret irgendetwas, was ich beabsichtige, suche, ersehne?

Die Antriebe hinter den offensichtlichen Wünschen und Zielen meines Tuns zu erkennen, bedeutet eine geheimnisvolle, mir im Augenblick noch verborgene, aber doch zu mir gehörige Welt zu entdecken. Nietzsche weist mit seinem Wort darauf hin.

Die Suche nach dieser verborgenen Welt in uns soll uns den kommenden Wegabschnitt beschäftigen. Das ganze Spannungsfeld zwischen Sehnsucht und Sucht kann hierbei ins Spiel kommen.

In Bezug zum Bergsteigen bringt es der Extrem-Bergsteiger Albert Precht auf den Punkt:

»Zwischen Verantwortungsgefühlen und Tatendrang rang mein Gewissen. Plötzlich Zweifel über den Sinn des Bergsteigens. Ich finde riesige Freude am Klettern oder auch nur daran, stundenlang eine Wand anzustarren und eine Route in Gedanken wachsen zu lassen. Warum sollte ich Dinge, die mir Genuss und Freude bereiten, nun auf einmal in Frage stellen? Wer kennt sie nicht, diese Nächte voll innerer Unruhe, sind sie nicht auch Bausteine der Bergsucht? So sehr hatte ich auf Schlechtwetter gehofft, doch das spätherbstliche Schönwetter war hartnäckig und gnadenlos. So *siegte der Berg wieder über die Verpflichtungen gegen Familie und Beruf, die ich schon seit Tagen auf die lange Bank schob.«* [12]

Berg-Sucht

Da ist er gefallen, der Begriff »Sucht«. Von einer »Berg-Sucht« spricht Albert Precht im Zusammenhang mit seinen Klettereien am Hochkönigmassiv, viele, auch in den oberen Schwierigkeitsgraden, solo und ohne Kletterzeug unternommen. Die Verantwortung gegenüber Beruf und Familie verliert gegenüber dem Drang, die Zeit für eine Bergunternehmung zu nutzen. So sinnlos und rücksichtslos erscheint vielen dieses Tun, dass sie es sich nur als Suchtverhalten erklären können.

Süchte begegnen dem, der mit offenen Augen durch die Welt geht, häufig: Alkoholsucht, Tabletten- und Drogensucht, Geltungssucht, Konsumsucht, Arbeitssucht – um nur einige zu nennen – und sie machen viele unfähig, ihre Verantwortung für sich, ihre nächsten Mitmenschen und die notwendigen Verpflichtungen wahrzunehmen.

Was steckt hinter dieser Anziehungskraft, dem Zwang dieser Süchte?

Ich denke, es ist letztendlich nichts anderes als eine tiefe Sehnsucht des Menschen, die Sehnsucht nach gelingendem Leben.

Zunächst ist es wohl meist pures Er-Leben, das ersehnt und gesucht wird.

Auch Precht schildert sein Empfinden bei ausgesetzter Kletterei in diesem Sinne: »Ein Gemisch von genussvoller Erregung und tiefem Glück überrieselte mich, entfacht durch den Eindruck der Tiefe und der großen Freiheit ... Im Erleben liegt der wahre Reichtum des Menschen, und die Erinnerungen sind der Lohn.«[13] Oder ist es ganz einfach, wie er weiter hinten schreibt, »vor allem die Sucht nach eigener Zufriedenheit«[14], die ihn in die Berge treibt?

Quell-Grund

Die Frage nach dem Grund, warum ich etwas tue, stellt sich drängend, noch dazu, wenn ich merke, der Alkohol, der Erfolg, das bloße Bergsteigen, das alles ist es ja nicht, was meinem Leben die Erfüllung meines Sehnens bringt. Im Gegenteil: meistens bleibt nur eine unbefriedigende Katerstimmung übrig.

Ich erinnere mich an die letzten Bergexerzitien im Karwendel, als wir am Halleranger ausschwärmten, die Isarquelle zu suchen. Und da stand ich nun und beobachtete, wie sich in einem kleinen Bereich im Wasser die Kieselsteine am Boden bewegten als Zeichen, dass da von unten aus dem Boden das Quellwasser hervorsprudelt. Natürlich muss man da die Hände hineinlegen, den sanften Strom an der Handfläche wahrnehmen, sich das Gesicht abwaschen, trinken und der erfrischenden Wirkung nachkosten – sorgsam das alles – und nach und nach die aufkeimende Ruhe in sich zulassen und sich in ihr versenken.

Die Worte Jesu aus dem Johannes-Evangelium werden präsent:

»Wer von diesem Wasser trinkt, wird wieder Durst bekommen, wer aber von dem Wasser trinkt, das ich ihm geben werde, wird niemals mehr Durst haben; vielmehr wird das Wasser, das ich ihm gebe, in ihm zur sprudelnden Quelle werden, deren Wasser ewiges Leben schenkt.« (Johannes 4,13 f.)

Versuchen wir doch einmal, diese Worte in uns lebendig werden zu lassen. Stellen wir uns aufrecht hin, locker im Fuß-, Knie- und Hüftgelenk. Lassen wir den Atem ruhig aus der Tiefe fließen. Wir stellen uns vor, wie aus dem Beckenboden frisches Wasser hervorsprudelt und nach und nach unseren ganzen Körper ausfüllt. Eine tiefe Zu-frieden-heit kann uns erfüllen, zumindest für diesen, zeitlosen Augenblick.

Die Frage nach dem Grund, etwas zu tun, habe ich gestellt. Wenn ich in die Berge gehe, einfach nur, um mich auszutoben, um Genuss haben zu wollen, um zu spüren, zu welchen Leistungen ich fähig bin, so ist das zwar auch gut und hat seinen Sinn. Aber meist stellt sich recht schnell so etwas wie Ernüchterung ein, der Alltag holt mich gleich wieder ein. Wenn ich demgegenüber solche Augenblicke zulassen kann, wie an der Isarquelle, spüre ich Erfüllung, fühle ich mich daheim, geborgen in einem größeren Ganzen, das mich eine Zeit lang auch in meinem Alltag begleitet und trägt – in diesem Augenblick am Ziel meiner Sehnsüchte.

Guter Gott,

immer wieder brichst du ein in mein Leben,
unterbrichst das alltägliche Einerlei und
brichst auf meine, dem wahren Leben
gegenüber verschlossenen Augen.

Ich danke dir, du, meine Quelle
ewigen Lebens.

STILLE

Die Stille der Berge
raubt einem wirklich die Sprache.
Ich schreie irgendetwas
in die Geräuschlosigkeit der Landschaft,
um mich von meinem Leben zu überzeugen.

Reinhard Karl[15]

Ein Zustand der Fülle

Es gibt Worte, die so etwas können: Einen Eindruck hinterlassen, der sich unmittelbar in die Tiefen des Bewusstseins einzusenken scheint, um in einem nicht bestimmbaren Rhythmus plötzlich wieder an der Oberfläche zu erscheinen. Und dann stehen wir da mit dem in unser Tages-Bewusstsein eingefallenen Wissen aus der Tiefe und verstehen auf einmal augenblicklich die Welt.

Die kurze Belehrung Wilhelm Meisters durch Montan in den »Wanderjahren« hat sich auf diese Weise in meine Erinnerung eingewühlt. Einmal im Roman eher überlesen, dann wiederentdeckt beim Durchblättern irgendeiner Sammlung von Dolomitentouren und seitdem immer wieder in den Dolomiten unterwegs, suchend, um die dort erwähnte, aber mir leider entfallene Stelle zu finden, an der dieser Text auf einer kleinen Holztafel am Rand eines Steiges den Wandernden einweist in die Disziplin der Berge.

»Die Berge sind stille Meister und machen schweigsame Schüler.«   *Johann Wolfgang von Goethe*[16]

Die Stille ist in den Bergen oft ungeheuer gegenwärtig und raumfüllend. Stille ist kein Mangel an Schall, kein Ausbleiben von Geräuschen, kein Ausdruck eines Fehlens so wie die Dürre ein ausgeprägter Mangel an Flüssigkeit ist. Sie ist ganz im Gegenteil ein Zustand der Fülle, etwas, das einen Raum ausfüllt und sogar das Auftreten von Lauten und Tönen überdauern kann. Manchmal bleibt es still, auch wenn Geräusche kommen. In Augenblicken scheint es, als ließe sich in den Bergen diese Stille sogar hören.

Von Amiel gibt es eine schöne Beschreibung einer sonntäglichen Erfahrung dieser wundervollen Stille:

»Einige Vogelstimmen, ein Rädergerassel, ein paar Frauenstimmen steigen zu meinem offenen Fenster. Aber man fühlt die Sonntagsruhe an ich weiß nicht welcher mächtigen Stille, die diese kleinen, nahen Geräusche umhüllt.«[17]

Amiels Beschreibung der Stille als umhüllend trifft sehr genau die Weise, wie auch die Stille in den Bergen erfahren wird. Sie wirkt entgrenzend, weitend und umfangend. Sie liegt über allem, leicht und mild oder auch drückend und schwer wie bei einem herannahenden Gewitter in den Bergen. Und es ist etwas Jenseitiges in ihr, eine Spur von Ewigkeit, Unendlichkeit von unergründlicher Tiefe.

Das Entdecken dieser Stille ist eine der eindrucksvollsten Erfahrungen auf dem Weg durch die Berge.

Ewigkeit und Unendlichkeit

Ich habe mich oft gefragt, woher diese Stille kommt, die in so sonderbarer Weise den Weg durchs Gebirge begleitet. Vielleicht ist es die Lebensferne mit zunehmender Höhe, der Respekt, die Unsicherheit und die sehr unmittelbare Erfahrung des Herausgehobenseins aus dem Bereich des menschlichen Verfügungsspielraums. Mit der Höhe schwindet unser Einfluss auf das, was geschehen wird.

Vielleicht aber ist es vor allem die Nähe der Berge zum Ewigen, zum Unendlichen, die uns still und verletzlich macht. Der Gang in die Berge ist in gewisser Weise ein Gang in die Ewigkeit. Zu jenem Sein und jenem Urgrund von Leben also, das nicht einbezogen ist in das Spiel von Zufall und Veränderung, von Neugestaltung und Zerstörung. Mit zunehmender Höhe und damit entsprechender Entfernung von der kulturell gestalteten Welt der Städte und Gärten »verewigt« sich die Landschaft. Das Programm der menschlichen Verfügungs- und Gestaltungshoheit über die ihn umgebende Mitwelt und Natur wird irreal mit dem Gewinn an Höhe und Tiefe im Gebirge. Der Aufstieg ist ein langsamer Übergang aus dem Bereich der verfügbaren und sich stetig verändernden Natur in die hochalpine Landschaft, in der das Tempo still steht. Hier ist Zeit augenblicklich und ewig zugleich. Das ist der Weg in das sonderbar Stille der Berge. Und es kann auch ein Weg in das tiefe Schweigen der Seele sein.

»*Da blieb wieder die allgemeine Stille der Bergnacht, jene gewaltige Stille, deren Grund dennoch ein immerwährendes, melodisches Tosen bildet, aber ein so sanftes Tosen, dass man es nicht mehr hört, sobald das geringste besondere Geräusch sich erhebt, und das nachher wieder da ist, rätselhaft und unveränderlich, wie aus weit entfernten, riesigen Kesseln her, die man nicht finden würde, wenn man sie suchte.*«

Ludwig Hohl[18]

Der Weg zum Schweigen

Schweigen ist mehr als Nicht-Sprechen. Der bewusste Verzicht auf sprachlichen Ausdruck ist wohl die notwendige physische Bedingung für das Schweigen, nicht aber bereits schon das Schweigen selbst. Schweigen ist ein Zustand der Seele.

Suchen Sie die Stille und nehmen Sie sich Zeit für das Schweigen. Wichtiger noch als die Länge der Schweigezeit ist die Qualität des Schweigens. Versuchen Sie einzutauchen in die jenseitige, unergründliche Tiefe der Stille, in das Meer des Schweigens.

Wir sind oft voll von einer merkwürdig unbestimmbaren Fülle wild umherirrender Bilder, Gedankenfetzen, freier Assoziationen und Vorstellungen. Bei den Trappistenmönchen und in vielen anderen großen Exerzitienschulen des Schweigens geht es neben dem freiwilligen Verzicht auf das Sprechen auch besonders um die Entleerung der Seele und des Denkens von diesem Bilderstrom. Auch wenn es nur eine kurze Zeit gelingt – es sind sehr kostbare Augenblicke, die manchmal etwas Ewiges in sich haben. Der folgende Meditationstext ist eine wundervolle Einführung in diese Übung des inneren Schweigens. Sprechen Sie diesen Text langsam, stumm oder laut, und nehmen Sie sich dann Zeit für die Stille. Sie können gut dabei gehen, oder auch an einem stillen Ort bleiben.

Das Meer des Schweigens

»Haben Sie schon einmal aus dem Meer des Schweigens getrunken? Das Schweigen breitet sich aus – langsam und tief. Und das Schweigen wächst, wächst immer mehr in regelmäßigen Wellen, welche eine nach der anderen Ihr ganzes Wesen durchströmen: eine Welle des Schweigens gefolgt von einer anderen Welle des Schweigens, dann eine noch tiefere Welle des Schweigens. Im Anfang sind es Augenblicke, dann Minuten, dann Viertelstunden, die das völlige Schweigen währt. Im Laufe der Zeit wird das Schweigen zum immer gegenwärtigen Grundelement im Leben der Seele.«[19]

Stille

Stille,

belebt von Innen her:

Gewesenheiten

ganz frühe Bande,

zarte, todgelöste;

auch Tage voll von Büschen von Jasmin

und Früchteschalen zwischen einem Paar

fragloser Gläubigkeit, zwei Flammen.

Stille,

von fernen Höfen her

Bereitungen von Fest und Heimatfühlen:

Klopfen von Teppichen,

auf denen, frisch gerichtet,

dann Schritte Vieler gehen

in Glück und Liebe.

Stille,

das Einstige und Kommendes für Fremde,

und wo das Heutige, ein dunkler Laut:

»bleib noch an meiner Seite,

vielleicht nicht lange mehr,

zuviel Verfall in mir

zu schwer

und müde«.

Gottfried Benn[20]

WEITE

Du führst mich hinaus ins Weite, du machst
meine Finsternis hell.

Gotteslob 712 / nach Psalm 18,20.29

Ein Traum überraschte mich:
Ich stehe hoch oben auf einer
nach allen Seiten steil abfallenden Bergschulter.
Mein Blick fällt über ein nach rechts sich steil
und wild auftürmendes Felskar hinweg
auf die mir gegenüberliegende,
sich schroff aufbauende Felswand.
Diese wird von einem hoch gelegenen Joch
eingeschnitten. Weiter schweift mein Blick
hinaus auf eine voralpine Ebene
und reicht bis an den Horizont.
Plötzlich durchströmt mich eine innere Ruhe
und mit ihr Melodie und Psalmentext
aus dem Gotteslob (712):
»Du führst mich hinaus ins Weite,
du machst meine Finsternis hell.«

Helmut Betz

Aufatmen

Der Alltag ist meist von ganz anderen Erfahrungen geprägt als der im Traum erlebten Weite. Es sind vielmehr einengende Verpflichtungen, von denen man sich erst mit aller Kraft loseisen muss, um endlich das tun zu können, wonach das Herz begehrt – zum Beispiel hier auf diesem Weg nach oben zu sein.

Aber wie gut und notwendig es ist, diesen Kampf durchzustehen, merkte ich bereits bei der Autofahrt hierher in dem Augenblick, als die Berge in mein Blickfeld kamen: ein erstes Aufatmen. Im Aufatmen geht mir auf, dass da einiges auf mir lastet, das mich die letzten Tage, vielleicht Jahre, eingeengt und am freien Durchatmen gehindert hat. Vielleicht geht es Ihnen ähnlich: Im Sichjagen der Ereignisse habe ich es gar nicht so richtig wahrgenommen. Nun erst tauchen einzelne Erlebnisse auf, Zusammenhänge werden sichtbar, Situationen der Hilflosigkeit und Ohnmacht werden bewusst, die Hektik, etwas unter Zeitdruck erledigen zu müssen, wird nochmals präsent, das peinliche Empfinden, etwas versäumt zu haben ...

»Meine engen Grenzen« heißt ein Lied von Eugen Eckert und Winfried Heurich, und es trifft in diesem Moment meine Gefühlslage. »Wandle sie in Weite«, im Lied so dahingesungen, ist im Augenblick nur ein sehnsuchtsvoller Wunsch, noch nicht einmal so richtig gedacht.

Zurück zum Traum, der mich eines Nachts überrascht hat:

Ich wollte mit meinen damals sieben und zehn
Jahre alten Töchtern ein paar Tage auf der Blaueishütte unter dem Hochkalter verbringen und sie ans
Klettern heranführen. Aber konnte ich das überhaupt verantworten? Alle Verwandtschaft hielt mich
ja eh schon für verrückt aufgrund meiner Kletterleidenschaft. Wie kann ein vernünftiger Mensch sich
nur ohne lebensnotwendigen Grund in eine so gefährliche Landschaft wie das Gebirge vorwagen, auch
noch klettern und das sogar mit Begeisterung? Und
dann setzt dieser Verrückte auch noch seine Kinder
diesen Gefahren aus!

Da träumte ich diesen Traum – »Du führst mich
hinaus ins Weite, du machst meine Finsternis hell.«

Meine Unsicherheit darüber, ob ich nicht unverantwortlich handle, kehrte sich um in die Gewissheit,
dass ich es ja gar nicht versäumen darf, meine Kinder in die Welt der Berge einzuführen. Ich muss ihnen die Chance geben, dort selbst einen Weg einzuschlagen, auf dem sie diese erfüllende Erfahrung
von Weite irgendwann zutiefst überwältigt und befreit.

Lassen wir uns die nächste Wegstrecke bei unseren Überlegungen ein wenig von der Umgebung leiten. Solange noch der Wald die Sicht
auf den Pfad begrenzt, lassen wir Gedankenfet

zen aus unserem Alltag zu und nehmen sie einfach wahr. Achten wir auf unseren Atem. Ist es
notwendig, von Zeit zu Zeit tief durchzuatmen,
beinahe mit Gewalt eine innere Enge aufzubre-
chen, um an den nötigen Sauerstoff zu gelan-
gen? Beobachten wir, ob die Schrittfolge und mit
ihr der Atem allmählich gleichmäßiger wird, das
Ein- und Ausatmen einfach geschieht, Gedankenfetzen, die kommen, von selbst wieder ent-
schwinden.

Lassen wir uns überraschen, wenn der Wald zurückweicht, ob nicht vielleicht auch das Belas-
tende des Lebens zurückweicht, sich entfernt,
verblasst.

Lassen wir es dann auf uns wirken, wenn sich
uns die Bergwelt eröffnet als steile, zerklüftete
Wände, die in die Höhe drängen, sie sich weitet
als tiefe, langgestreckte Täler.

Dankbarkeit

Zerfließen wir, dehnen wir uns aus in diese Weite, in
der wir aber doch ganz präsent sind.

Wir können beten: »Du führst mich hinaus ins
Weite«; doch werden es vielleicht weniger die Worte
sein, die das Gebet ausmachen, als vielmehr das pure
Gegenwärtigsein in dieser Weite und das Gefühl einer großen Dankbarkeit, die das ganze Geschehen
durchströmen.

GIPFEL

Ich bin glücklich, weil der Gipfel

das Ende des qualvollen Steigens beinhaltet.

Der Gipfel bedeutet, keinen Schritt mehr

nach oben tun zu müssen.

Ich kann es selbst noch gar nicht richtig fassen.

Mein Wissen sagt mir:

»Das ist der höchste Punkt der Erde.«

Wir machen Gipfelfotos für das Familienalbum:

Ich, der Gipfelsieger. Ich, der Übermensch. Ich,

das atemlose Wesen.

Ich, der Reinhard auf einem Schneehaufen.

Langsam kommen mir die Kälte,

der Wind und meine Erschöpfung

zu Bewusstsein. Langsam kommt

nach der Freude die Traurigkeit,

ein Gefühl der Leere:

Eine Utopie ist Wirklichkeit geworden. Ich ahne,

dass auch der Everest nur ein Vorgipfel ist,

den wirklichen Gipfel werde ich nie erreichen.

Reinhard Karl [21]

Im Augenblick da-sein

Wir haben es geschafft! Der Gipfel ist erreicht. Es ist zwar nicht der Everest, den wir bestiegen haben und von dem Reinhard Karl schreibt, aber vielleicht sind unsere Empfindungen den seinen gar nicht so unähnlich.

Das Steigen, für den einen oder anderen vielleicht qualvoll, hat nun ein Ende. Ich kann auf- und durchatmen. Ich blicke um mich und schaue. Eine phantastische Bergwelt bietet sich meinem Auge dar. Habe ich einen Blick dafür – für die Wände, Schluchten, Risse, das Grün der Täler, die vielen Gipfel, die um mich herum unverrückbar da sind? Was empfinde ich jetzt, in diesem Augenblick: Glück? Stille Zufriedenheit? Stolz? Überheblichkeit? Freiheit? Leere?

Es ist Zeit, sich ein stilles Plätzchen zu suchen und sich der Stille zu überlassen. Ich nehme meinen Atem wahr. Ich atme ein, atme Lebensenergie ein. Ich atme aus, lasse zu, dass die Lebensenergie entströmt. So bin ich mit jedem Ein- und Ausatmen eingespannt zwischen dem ersten Einatmen, mit dem mein Leben begonnen hat und meinem letzten Ausatmen, mit dem es enden wird.

Einen Augenblick lang fühle ich mich unserer irdischen Welt enthoben an diesem Ort, dem Gipfel, wo Erde und Himmel aneinander grenzen. Es fehlt nicht viel und ich hebe ab, bereit, den festen Boden hinter mir zu lassen und davonzuschweben.

Ist es so, wie Helga Peskoller feststellt, dass der Mensch im Aufstieg die Materie immer mehr hinter sich lässt?

»Der Gipfel ist das Ende der Materie ... Beim Aufstieg ist man der Materie entstiegen, am Gipfel würde man sie endgültig verlassen. Man hat sich im Höhersteigen von der Materie schrittweise getrennt, oben ist einem die Trennung vertraut geworden. In dieser Vertrautheit drückt sich die größte Fremde aus. Die Höhe bedeutet das Fremdwerden der Materie.«[22]

Reinhold Messner geht noch einen Schritt weiter. Er schließt aus seinen Erfahrungen, dass dieses Gefühl der »Entmaterialisierung«, der Loslösung vom Ballast »erdhafter« Begrenzungen nicht nur eine Grundmotivation des Bergsteigers, sondern eines jeden Menschen überhaupt ist:

»Seit Jahren frage ich, warum ich immer wieder auf den Gipfel muss, zum Endpunkt. Ich denke, dass jeder Mensch zum Gipfel will, ich meine damit nicht unbedingt den Gipfel eines Berges, sondern Punkte, wo ein Ende ist, wo alle Linien zusammenlaufen und sich die Materie verjüngt, förmlich entstofflicht.«[23]

Flüchtigkeit des Augenblicks

Da bin ich wieder zurückgeworfen auf meine Frage, was mich angetrieben hat, all die Mühsal des Aufstiegs auf mich genommen zu haben, um hier anzukommen, auf diesem Gipfel. Schon verblasst wieder das Gefühl der Unbeschwertheit und Entgrenztheit. Die Erdanziehungskraft fordert als Konstante meines Lebens wieder ihr Recht und holt mich zurück auf den Boden der Tatsachen. Wir müssen wieder absteigen. Wie bei Reinhard Karl macht sich »nach der Freude die Traurigkeit, ein Gefühl der Leere« breit.

Dieser Augenblick, die Nähe des Himmels nicht nur zu denken, sondern auch leibhaft zu empfinden, kann nicht festgehalten werden.

Wie viele »Gipfelerlebnisse« meines Lebens, auf die ich entweder hart hingearbeitet habe oder die plötzlich in mein Leben hereingebrochen sind, durfte ich schon erfahren, musste sie aber genauso schnell wieder davonziehen lassen?

Reinhard Karl scheint zu resignieren, wenn er feststellt: »Ich ahne, dass auch der Everest nur ein Vorgipfel ist, den wirklichen Gipfel werde ich nie erreichen.«

Gegenwart des Ewigen

Für mich ist das kein Grund zur Resignation! Ich weiß, dass wieder neue »Gipfelerlebnisse« kommen werden. Und: Ich staune über den Augenblick, den ich erfahren habe, als ich mich eingebunden erlebte zwischen Himmel und Erde. Ich sehe ihn als Zeichen dafür, dass die rein irdischen Begrenzungen überwunden werden können. – Mehr noch: In diesem Augenblick offenbarte sich mir eine andere, Raum und Zeit durchwirkende und zugleich überschreitende Wirklichkeit, *seine* Gegenwart.

Der Gipfel ist mir zum Symbol für die Gegenwart des Ewigen in unserer Welt geworden, zum Sakrament des großen Geheimnisses, das allem zugrunde liegt und alles erhält.

Guter Gott,

ich danke für die Kraft, mit der ich den Aufstieg geschafft habe.

Staunend betrachte ich die Bergwelt, die deine Herrlichkeit offenbart.

Staunend werde ich erfasst von deiner göttlichen Wirklichkeit hier auf diesem Gipfel.

Staunend spüre ich die Grenze zwischen Himmel und Erde zerfließen und fühle mich dir nahe.

Präge dich ein in mir, sodass ich in Zeiten der Resignation die Hoffnung auf neue Gipfelerlebnisse nicht verliere.

EINSAMKEIT

Und am Morgen, noch tief in der Nacht,
brach er auf, ging hinaus und ging fort
an einen abgelegenen Ort;
und dort betete er.

Markus 1, 35

Ankommen und neu beginnen

Nur dieser Satz ist mir in Erinnerung geblieben. Kein Gesicht dazu, kein Name, keine Person, die ihn gedacht und gesprochen hat. »Ich glaube, dass sich Gotteserfahrungen fast immer im Zustand der Einsamkeit ereignen.«

Die Entschiedenheit dieses Bekenntnisses hat mich provoziert, aber auch fasziniert. Und ich glaube, ich habe in manchen Augenblicken auch verstanden. Oft war ich dabei gerade in den Bergen unterwegs.

Es gibt einen Punkt auf unserem Weg durchs Gebirge, an dem wir der Einsamkeit begegnen. Jeder wird hierhin kommen, alleine oder auch in einer Gruppe. Die Art und Weise sowie der Zeitpunkt der Erfahrung dieser Einsamkeit sind ganz verschieden.

Vielleicht sind es schon die ersten Stunden im Gebirge, der mühsame Anstieg, die drückende Last, die Ausgesetztheit und Lebensferne dieser Landschaft, in denen wir der Einsamkeit begegnen. Vielleicht in der gewaltigen Stille der ersten Bergnacht, die oft unruhig ist.

Oder nach Erreichen eines Gipfels. Viele Bergsteiger schildern einen Zustand der Leere und Einsamkeit, in den sie am Gipfel nach der Euphorie oft sehr unvermittelt hineingerissen werden. Es gibt keinen Ort unserer Erde, an dem wir dem Nichts, der absoluten

Grenze der stofflichen Welt so nahe treten können
wie am Gipfel eines Berges. Die Leere ist hier eine
räumliche Wirklichkeit, die uns blicken lässt in die
Weite, Tiefe, Fülle, Einsamkeit der uns umgebenden
und vielleicht auch der uns innewohnenden Welt.
Wir sind am Endpunkt, am Ziel, irgendwie jenseits
des Geläufigen. Und doch müssen wir jetzt wieder
aufbrechen und zurück, absteigen, heimkehren, neu
anfangen im alten Leben und erkennen, dass wir hier
oben uns nur für Augenblicke als Angekommene, am
Ziel Seiende fühlen konnten.

Abgründige Leere

Die Leere hat zwei Gesichter: In einem zeigt sich uns
eine schwere, müde, bilderlose Welt. Das Lebendige
ist wie erstarrt unter einem harten Schorf. Die Einsamkeit hat etwas Bedrohliches, Furchterregendes. In
der Grundlosigkeit des Ortes blicken wir in den verborgenen Grund unseres Lebens hinein. Wir spüren
Tiefe, fühlen unsere Ausgesetztheit, Verletzlichkeit
und auch Angst – horror vacui. Wo ist Grund und
Sinn in all dem, was wir Leben nennen? Alles gerät in
Sinnlosigkeitsverdacht: Die ermüdenden Positionskämpfe und Machtspiele in Familie, Beruf, Freundeskreis, die gescheiterten Vorsätze und gebrochenen
Schwüre, die vergessenen Ideale, die Lebenspläne
und Träume, das Ringen um Sinn und Bedeutung.
Und Gott? Gibt es einen Gott, der uns hält, führt, bewahrt? Oder ist auch er nur still, stumm, eine leere

Idee, selbst Opfer des regellosen Spiels eines blinden, geistlosen Zufalls?

Wo ist da erfüllendes Leben in diesem sinnlosen, atemlosen Lauf der Dinge?

Kein anderer Text der Bibel bringt diese schmerzhafte menschliche Grunderfahrung der Verlassenheit und Sinnlosigkeit so ergreifend zum Ausdruck wie die einleitenden Verse im Buch Kohelet.

»*Windhauch, Windhauch, sagte Kohelet, Windhauch, Windhauch, das ist alles Windhauch. Welchen Vorteil hat der Mensch von all seinem Besitz, für den er sich anstrengt unter der Sonne?*

Eine Generation geht, eine andere kommt. Die Erde steht in Ewigkeit.

Die Sonne, die aufging und wieder unterging, atemlos jagt sie zurück an den Ort, wo sie wieder aufgeht.

Er weht nach Süden, dreht nach Norden, dreht, dreht, weht, der Wind. Weil er sich immerzu dreht, kehrt er zurück, der Wind.

Alle Flüsse fließen ins Meer, das Meer wird nicht voll.

Zu dem Ort, wo die Flüsse entspringen, kehren sie zurück, um wieder zu entspringen.

Alle Dinge sind rastlos tätig, kein Mensch kann alles ausdrücken, nie wird ein Auge satt, wenn es schaut, nie wird ein Ohr vom Hören voll.

Was geschehen ist, wird wieder geschehen, was man getan hat, wird man wieder tun: Es gibt nichts Neues unter der Sonne.«

Tiefe Leere

Wenden wir die Leere und betrachten die andere Seite, dann blicken wir in ein ganz anderes Gesicht. Es gibt Augenblicke der Einsamkeit, in denen sich die abgründige Seinsschwere verwandelt in eine wundersame Leichtigkeit. Leere und Einsamkeit werden zum Genuss. Das durchdringende Vakuum der Sinnlosigkeit füllt sich mit Grund und Weite. Wir schauen und steigen in eine bergende Tiefe hinein. Leere gleicht hier der Stille: Kein Mangel – eine wundersame Fülle an Raum. Es gibt einsame Augenblicke, in denen wir in die Tiefe und Weite der Welt schauen. Und Gott?

Der Religionsphilosoph William James berichtet in seiner Sammlung von Texten über die Vielfalt religiöser Erfahrung von einer Gotteserfahrung in der Einsamkeit einer jener stillen Nächte im Gebirge.

»Ich erinnere mich an die Nacht und sogar an den Ort auf der Hügelspitze, wo meine Seele sich sozusagen nach außen aufschloss ins Universum, und dort stürzten die beiden Welten ineinander, die innere und die äußere. Es war ein Ruf von Tiefe an Tiefe – die Tiefe, welche mein eigener Lebenskampf in mir geöffnet hatte, fand Antwort von jener weit über die Sterne hinausreichenden Tiefe außen. Ich stand da allein mit Ihm, der mich und alle Schönheit der Welt und Liebe und Schmerz gemacht hatte ... Die vollkommene Stille der Nacht erbebte vor einem noch feierlicheren Schweigen. Die Dunkelheit verbarg eine Gegenwart, die, weil nicht gesehen,

nur um so mehr gefühlt wurde ... Wenn überhaupt je-
mals, habe ich damals, glaube ich, Gott von Angesicht
zu Angesicht gegenübergestanden und bin aus seinem
Geist neu geboren worden.«[24]

Wenn Sie zu dem Punkt der Leere gekommen
sind – lassen Sie sich ein auf diese Begegnung
mit der Einsamkeit. Stellen Sie sich der Einsamkeit, auch wenn dieser Zustand zunächst von
auftretenden Ängsten und zermürbenden Gedanken begleitet ist. Sie werden beide Gesichter
der Leere kennen lernen.

Sind Sie in der Gruppe unterwegs, gehen Sie
eine Zeit lang alleine. Suchen Sie sich einen
Platz, an dem Sie alleine sind, setzen Sie sich
an einen exponierten Ort mit freiem Blick, und
schauen Sie in die sich Ihnen öffnende Welt.
Versuchen Sie die Leere, Stille und Einsamkeit
zu ergründen. Suchen Sie die Tiefe in der Einsamkeit.

Karl Rahner sah in dieser Meditation der Einsamkeit einen Weg, das ursprüngliche, auf dem
Grund unserer Seele ruhende Wissen von Gott
hervortreten zu lassen:

»Lassen Sie einmal diese ursprünglichen Wirk-
lichkeiten des Geistes emporkommen: das
Schweigen, die Angst, das unsagbare Verlan-
gen nach Wahrheit, nach Liebe, nach Gemein-

samkeit, nach Gott. Stellen Sie sich der Einsam-
keit, der Angst, der Nähe zum Tod! Lassen Sie
solche letzten Grunderfahrungen des Menschen
vorkommen, beschwätzen Sie sie nicht, machen
Sie darüber keine Theorien, sondern halten Sie
diese Grunderfahrungen aus. Dann kann doch
so etwas von einem ursprünglichen Wissen um
Gott hervortreten.«[25]

Sprechen Sie in die Stille und Einsamkeit hinein
die Worte des Prologs im Johannesevangelium:

Im Anfang war das Wort,

und das Wort war bei Gott,

und das Wort war Gott.

Im Anfang war es bei Gott.

Alles ist durch das Wort geworden,

und ohne das Wort wurde nichts,

was geworden ist.

In ihm war das Leben,

und das Leben war das Licht der Menschen.

Im griechischen Text steht hier der Begriff »logos«, dessen Bedeutung mit dem deutschen Begriff »Wort« nur unzureichend übersetzt werden kann. Logos ist das Wort, das Sinn erschließt, tieferes Verständnis eröffnet und das Denken lebendig erhält.

ERSCHÖPFUNG

Der Berg verhilft uns

zu etwas Frustrationstoleranz,

also einfach zur Fähigkeit,

im Augenblick auf etwas Angenehmes

zu verzichten,

weil ein größeres Ziel winkt.

Reinhold Stecher[26]

Rückkehr

Es stimmt: Immer wieder quäle ich mich frühmorgens aus dem Bett heraus, muss mich Wegabschnitte den Berg hinaufschinden und verzichte tatsächlich auf Annehmlichkeiten um dieses größeren Zieles willen, von dem Reinhold Stecher spricht: Den Gipfel eines Berges will ich erreichen und auch diese so wohltuende Atmosphäre wahrnehmen, die ich so oft besonders in den Bergen erleben durfte, dass mein Leben im Letzten geborgen und sinnvoll ist.

Aber jetzt? Was ist jetzt im Abstieg, nachdem wir seit längerem den Gipfel hinter uns gelassen haben, und damit auch das Ziel, das unsere Energien mobilisiert hatte? Das größere Ziel des Bergsteigens heute, das gewunken hat, ist doch bereits Vergangenheit. Gut, es hinterlässt vielleicht noch seine Spuren in den kurzen Augenblicken des Nachsinnens, ein angenehmes, flaues Gefühl um Herz und Magen, aber die rechte Antriebskraft mag nicht mehr so überzeugend aufkommen.

Welche Ziele haben wir eigentlich noch vor uns für heute? – Die Aussicht auf Entspannung und Erholung natürlich bei der nächsten Hütte, gut, ein Bier vielleicht ... – Dennoch: Meine Kräfte werden nicht in der gleichen Weise freigesetzt wie es noch beim Aufstieg der Fall war.

Kann es sein, dass die Vorstellung, den Gipfel zu erreichen, eine stärkere Antriebsfeder ist als die von Erholung und Bier? Oder ist es lediglich der Ermüdungsprozess, der seit dem Gipfelerfolg doch jetzt schon seit einiger Zeit fortschreitet und zunehmend lähmt?

Bewusst sind mir im Augenblick nur meine schmerzenden Knöchel und Kniegelenke. Eintönigkeit macht sich in meinem Kopf breit, meine Kraft setze ich allein dafür ein zu versuchen, konzentriert, den Schmerz vermeidend einen Schritt nach dem anderen zu machen und ja nicht auszurutschen.

Resigniert, ja fast schon ärgerlich, sehe ich vor mir den Höhenweg sich lange dahinziehen, in den Latschen verschwinden, dahinter wieder auftauchen und sich – wieder bergauf – auf ein Joch mühsam hinaufschlängeln.

Warum kann man nicht einfach nur den Berg hinaufgehen und dann plötzlich wieder drunten sein, ohne Abstiegsmühen? Irgendwie sinnlos das Ganze hier!

Halten wir einen Augenblick inne und wenden uns diesen trüben Gedanken zu. Führen wir sie einen Schritt weiter bis in unser Alltagsleben hinein:

Gibt oder gab es Situationen in unserem Leben, in denen kein erstrebenswertes Ziel, im Letzten vielleicht auch kein Sinn mehr aufgetaucht ist, in denen uns sogar die ganze Hoffnungslosigkeit der menschlichen Existenz angeschaut und uns zweifeln lassen hat?

Vor meinen Augen tauchen Menschen ohne Perspektive auf: Menschen im Pflegeheim, täglich mit immer den gleichen Schmerzen aufwachend, wenn der Schlaf sie überhaupt eine Zeit lang davon befreien konnte, Menschen, für die nur noch ein Ziel in furchtbar erreichbarer Nähe ist: die letzte Ungewissheit des Todes.

Eine unaussprechbare Leere, o Herr, breitet sich um mich herum und in mir aus.
Kraftlos bin ich, antriebslos, ohne Halt.
Wohin führt mein Weg?
Bin noch ich es, der ihn geht – oder bin ich nur mehr wie ein im Sturm herumgewirbeltes Eiskörnchen auf steilem Firnfeld?
Du bist fern, Herr!

Wenn nur noch diese letzte Ungewissheit ihre Arme vor uns ausbreitet, können wir selbst da noch ein größeres Ziel für uns erahnen, das uns winkt, für das es sich lohnt, immer wieder neu Anstrengungen auf sich zu nehmen, sich selbst auch von Schmerzen, aufkeimender Hoffnungslosigkeit und Resignation nicht abhalten zu lassen, den nächsten Schritt einfach nur zu tun?

Auf unserem noch langen Weg zur Hütte über dieses vor uns aufragende, hoch gelegene Joch müssen wir durchhalten. Schritt für Schritt muss konzentriert gesetzt werden. Wir können jetzt die Gewissheit haben, dass wir unser Ziel erreichen werden, dass das Leben uns noch schöne Blicke eröffnet auf die großen Berge und auf die kleinen reizvollen Dinge am Wegesrand.

ZIEL

Wenn ich klettere, fühle ich immer noch
am intensivsten, dass ich bin.
Die Berge scheinen unzählige Türen zu haben.
Wenn man eine Tür öffnet,
steht man vor unzähligen weiteren.

Reinhard Karl [27]

Verstehen

John Hick erzählt die schöne Geschichte von zwei Wanderern, die gemeinsam auf einem langen und gefahrvollen Weg unterwegs sind. Beide legen genau die gleiche Strecke zurück, aber jeder von beiden glaubt, zu einem anderen Ziel unterwegs zu sein. Während der eine von dem Ziel seiner Wanderung nur eine sehr unbestimmte Vorstellung hat und nicht hofft, am Ende einen wie auch immer sich darstellenden Zustand der Erfüllung zu erleben, ist sich der andere sicher, am Ziel das himmlische Jerusalem zu erreichen und von Gott sehnsuchtsvoll erwartet zu werden. Entsprechend deutet jener alle Vorkommnisse unterwegs, egal ob es sich um erfreuliche Dinge oder Gefahren handelt, als Spiel des Zufalls, ohne Relevanz für den weiteren Wegverlauf. Der Gläubige dagegen sieht in allen Ereignissen Zeichen und Hinweise. Der ganze Weg wird für ihn zu einer Prüfung, in der das Erreichen seines Zieles auf dem Spiel steht.

Es ist hier nicht wichtig zu fragen, wer von beiden den Weg mit der angemesseneren Perspektive zurücklegt, ein erfüllteres und sinnvolleres Leben führt. Die Geschichte illustriert vor allem eines: Leben ist Deutung. Sie zeigt die Situation der Angewiesenheit auf Glaube und Deutung, in der sich jeder Mensch wiederfindet, wenn er sich der genuin menschlichen Aufgabe stellt, das Leben verstehen zu wollen. Auch derjenige, der nicht glaubt, dass Gott eine den eigenen Lebensentwurf in bestimmter Weise beeinflussende Größe sei, glaubt und deutet.

Was ist das Ziel unseres Weges durchs Gebirge? Die zweifelloseste Antwort ist zugleich richtig und unergiebig, da sie nur den Sinn jeder zielgerichteten Bewegung benennt: das Ankommen. Wo aber ankommen? Am Gipfel? In der Hütte vor Einbruch der Nacht? Am Ende des Weges? Wieder zu Hause?

Es ist sonderbar mit den Wegzielen. Nur am Beginn sind sie bestimmbar, unterwegs werden sie uneindeutiger, veränderlich und ortlos. Unzählige Türen öffnen sich auf dem Weg.

Der Weg ist Deutung. Wir gleichen den beiden Wanderern und tragen eine vage Vorstellung von dem Ziel in uns, zu dem unsere Spur durch die Berge führen wird. Das uns Begegnende ist wegweisend oder zufällig, unterweisend oder nichtssagend.

Es ist gut, auf dem Weg das Ende vordergründig aus dem Blick zu verlieren. Der Weg durch die Berge ist bei Bergexerzitien keine geradlinige Fortbewegung vom Ausgangspunkt zum Ziel, aber auch dadurch nicht ziellos oder als bereits selbst das Ziel seiend zu bezeichnen. Der Weg hat ein Ziel, nur liegt es vielleicht nicht dort, wo wir anfangs vermuten. Das Gehen gleicht hier dem Spielen. Es gehört zu einem guten Spiel, dass es irgendwann anfangs- und ziellos wird, ohne es eigentlich zu sein. Es gibt viele Spiele, bei denen der Spieler das Ziel des Spiels aus den Augen verlieren muss, um es am Ende zu erreichen.

Berg und Sinn

Die Sinnfrage ist in den Bergen eindrücklich präsent. Es gibt Orte auf dem verschlungenen, ausgesetzten Weg durchs Gebirge, an denen wir durch unser Leben laufen: Das hohe, steile Joch am Ende des Tals; die Suche nach einem Weg durch das steinige Kar; der gleichermaßen schwindelerregende Blick in die Höhe und Tiefe der Welt; die kurze Zeit am Gipfel oder der nervtötende, endlos erscheinende Abstieg. Kein anderer Weg gleicht dem Lebenslauf so wie der Weg durchs Gebirge. Und es gibt Zeiten in dieser unverfügbaren Landschaft, in denen wir unser Leben in einer so ruhigen Selbstverständlichkeit vollziehen, dass es fast scheint, als wäre die Sinnfrage unserer Existenz in den Augenblicken gelöst, wenn wir nicht daran denken sie zu stellen.

Diese Weise, Sinn zu finden, ohne danach willkürlich zu suchen, ist bezeichnend für das Unterwegssein im Gebirge. Sinn ist etwas, das sich einstellt, das widerfährt, ohne rational hergeleitet werden zu müssen, auch in der komplementären Erfahrung von Leere, Ausgesetztheit und Einsamkeit. Die Sinnfrage als intellektuelles Problem hebt sich unter der Dominanz dieser erfahrungsgeleiteten Begegnung von Sinn in den Anforderungen im Gebirge auf.

Reinhold Messner berichtet von einem eindrucksvollen Augenblick der Sinngewissheit in der unwirtlichen Endlosigkeit der Todeszone:

»*Trotz meiner Müdigkeit und Beschaulichkeit begleitet mich jetzt das tiefe Bewusstsein, alle Geheimnisse dieser rätselhaften Welt in mir zu haben – die Fragen wie die Antworten, in mir die Kraft des Lebens und Leben zu geben, in mir Tod, Anfang und Ende.*«[28]

Und Erhard Loretam schildert auf dem Weg zu einem Achttausender eine bemerkenswerte Erfahrung der Bezogenheit von Bergsteigen und Lebenssinn, in der sich die beschwerliche Frage nach dem eigenen Daseinsgrund auflöst in eine ruhige Existenzgewissheit:

»*In meinen Augen verschmolzen das Leben und die Berge ineinander. Ich habe mich nie gefragt, warum ich in die Berge gehe, weil ich mich nie gefragt habe, warum ich lebe.*«[29]

Vielleicht ist es ja so mit dem Sinn, wie wir in den Bergen lernen können: wir erkennen ihn dann, wenn wir aufgehört haben, danach zu fragen. In endlosen Augenblicken. Vielleicht.

Es ist eine der tiefen Glaubenseinsichten der christlichen Theologie, dass der Geist Gottes auch nach dem Tod Jesu Christi wirksam und erfahrbar in der Welt gegenwärtig ist. In den vielen großen Gebeten und liturgischen Texten, die den Heiligen Geist betreffen, wird dieser als Beistand angesprochen, auf dessen Führung wir vertrauen können, auch wenn wir den Eindruck haben, jede Kontrolle und Einflussmöglichkeit auf die Lage der Dinge verloren zu haben.

Dieser Geist ist ein guter Begleiter für den Weg, der zieloffen, nicht aber ziellos ist. Und er ist ein guter Beistand in den Augenblicken im Gebirge, die uns einweisen in einen existenziellen Sinn.

Gebet in der währenden Stunde[30]

Heiliger Geist,
zu uns gesendet,
weilend bei uns,
wenn auch leer die Räume hallen,
als seiest du fern.
In deine Hand sind die Zeiten gegeben.
Im Geheimnis des Schweigens waltest du,
und wirst alles vollenden.

Das habe ich zu euch gesprochen,
während ich noch bei euch weilte.
Der Paraklet aber, der Heilige Geist,
den der Vater in meinem Namen senden wird,
er wird euch alles lehren und euch an alles
erinnern, was ich zu euch gesagt habe.
Frieden hinterlasse ich euch, meinen Frieden
gebe ich euch; nicht wie die Welt ihn gibt,
gebe ich euch. Euer Herz verwirre sich nicht
und verzage nicht!

Johannes 14, 25–27 [31]

$P_{RAXIS}3$
UNTERWEGS

WAHL DES WEGES

Den 20. Jänner ging Lenz durchs Gebirg.

Die Gipfel und hohen Bergflächen in Schnee,

die Täler hinunter graues Gestein,

grüne Flächen und Tannen.

Anfangs drängte es ihm in der Brust,

wenn das Gestein so wegsprang,

der graue Wald sich unter ihm schüttelte und

der Nebel die Formen bald verschlang,

bald die gewaltigen Glieder halb enthüllte;

es drängte ihm, er suchte nach etwas,

wie nach verlornen Träumen,

aber er fand nichts.

Georg Büchner [32]

Es gibt hinsichtlich der Wahl des Weges zwei unterschiedliche Möglichkeiten, mehrtägige Bergexerzitien durchzuführen:

Entweder Sie entscheiden sich für einen festen Standpunkt in den Bergen, zu dem Sie jeden Abend zurückkehren. Oder Sie gehen in den Tagen von Hütte zu Hütte und durchqueren oder umrunden in dieser Zeit eine Gebirgsgruppe.

Aus der Entscheidung für eine dieser beiden Formen ergeben sich die Vorgaben und Bedingungen des Unterwegsseins.

Suchen Sie eine Unterkunft in den Bergen, wo Sie die ganze Zeit über bleiben können, sollten Sie bei der Auswahl der Hütte besonders darauf achten, dass diese zu Fuß mindestens zweieinhalb bis drei Stunden vom nächsten mit Verkehrsmitteln (auch Seilbahn) zugänglichen Ausgangspunkt entfernt ist. Leiten Sie selbst eine Gruppe, mit der Sie Bergexerzitien durchführen wollen, gibt es auch die Möglichkeit mit der Gruppe auf eine Selbstversorgerhütte zu gehen. Viele Alpenvereinsektionen haben solche Häuser, die zu bestimmten Zeiten auch an Nichtmitglieder vergeben werden.

Da diese Hütten oft eher klein sind, besteht die Möglichkeit, als Gruppe in dieser Zeit unter sich zu bleiben, was Freiräume in der zeitlichen und inhaltlichen Gestaltung eröffnet. Andererseits erfordert Selbstversorgung die Mitarbeit aller Beteiligten beim Transport und bei der Bewirtschaftung. Bei diesen Aufgaben stellt sich die Frage, inwieweit Sie diese sinnvoll in den Exerzitienprozess einbinden können und wollen.

Entscheiden Sie sich für den täglich weiterführenden Weg durchs Gebirge, müssen Sie mit (schwerem) Rucksack gehen. Die Grundanforderungen in konditioneller Hinsicht nehmen damit deutlich zu. Zugleich entspricht diese Bewegung durch das Gebirge dem in diesem Buch dargestellten Prozess der Bergexerzitien mehr als der längere Aufenthalt an einem bestimmten Ort. Die tiefe existenzielle Symbolik des Unterwegsseins erschließt sich unmittelbarer in dieser Form der Wegführung.

Der im Folgenden vorgestellte viertägige Weg als Tourenvorschlag ist entsprechend auch eine Gebirgsdurchquerung mit wechselnden Unterkünften. Es gibt unzählige andere Routen, die für dieses Vorhaben nicht weniger gut geeignet sind. Ein wichtiges Kriterium für die Auswahl eines guten Weges ist ein möglichst geringer Grad an ski- und bergtouristischer Infrastruktur. Suchen Sie Regionen, die wenig durch Seilbahnen erschlossen sind. Wenn Sie ein Gebiet gefunden haben, sollten Sie sich in der Phase der detaillierten Planung anhand geeigneter Karten und Führer möglichst profund informieren. Sollten Sie selbst für eine Gruppe verantwortlich sein, empfiehlt es sich, den Weg zuvor abzugehen.

Gefahren am Weg

Auch vermeintlich problemlose Wanderungen im Hochgebirge können bei ungünstigen Verhältnissen schnell zu schwierigen und gefährlichen Unternehmungen werden. Im Rahmen einer sehr gründlichen Vorbereitung der Tour sollten möglichst viele potenzielle Gefahrensituationen bedacht und nach Möglichkeit minimiert werden. Die wohl wichtigste Maßnahme in dieser Hinsicht ist die Planung angemessener Wegstrecken. Sowohl die Länge als auch die Schwicrigkcit des Weges darf keine Überforderung für Sie oder die Gruppe darstellen. Nicht wenige Unfälle im Gebirge ereignen sich in der Folge von Überforderung und Erschöpfung. Auch der jahreszeitbedingte Zustand der Wege muss in die Planung einbezogen werden. Im Frühsommer beispielsweise muss auf höhergelegenen nordseitigen Wegstücken immer mit Altschnee gerechnet werden. Wenn Sie lange Etappen planen, sollten Sie für den Fall eines Schlechtwettereinbruchs unterwegs eine Ausweichmöglichkeit vorsehen.

Unterwegs muss besonders die Wetterentwicklung aufmerksam verfolgt werden. Auch bei weniger idealen Bedingungen lässt es sich in den Bergen gehen. Regnerisches Wetter muss kein Grund sein, auf der Hütte zu bleiben. Gegebenenfalls muss der Weg variiert werden. Sie sollten allerdings bei Nässe keinesfalls auf exponierten Abschnitten unterwegs sein (Felsen, Schrofen, steile Grashänge). Wählen Sie im

Falle ausgiebiger Regenfälle einen einfachen Berg-
wanderweg, um auch bei Verschlechterung der Sicht-
verhältnisse keinerlei Orientierungsproblem zu haben. Wirklich vorsichtig müssen Sie bei Wetterstür-
zen und im Hochsommer bei Gewittern sein (Wet-
terbericht verfolgen).

Tourenvorschlag

Durchs südliche Karwendel von Hochzirl nach Schwaz

Die An- und Abreise erfolgt am besten mit der Bahn. Hochzirl ist von München und Innsbruck direkt zu erreichen,
und auch Schwaz liegt gut angebunden an der Hauptroute
Innsbruck-Kufstein-München. In die genannten Gehzeiten
sind keine Pausen eingerechnet. Zur besseren Einschätzung sind auch die Höhenmeter (Hm) jedes Tourentages
angegeben. Für noch genauere Angaben zum Wegverlauf, möglichen Varianten und Gipfelbesteigungen verwei-
sen wir auf den Karwendelführer für Wanderer und Bergsteiger von Walter Klier.[33]

1. Tag:

**Bahnhof Hochzirl (ca. 930 m) –
Neue Magdeburger Hütte (1633 m)**
Dauer: 3 Stunden; Anstieg: 700 Hm

Vom Bahnhof Hochzirl der Markierung folgend zunächst
entlang der Bahnstrecke leicht abwärts, bis auf Höhe des
westlichen Eingangs in den Martinswandtunnel der Weg in
Kehren steil ansteigt und nach etwa 100 Höhenmetern in

die von Zirl heraufführende Forststraße mündet. Weiter etwa einen knappen Kilometer entlang der Straße, bis rechts der Weg zur Magdeburger Hütte abzweigt (bis hierhin ca. 1 Stunde). Nun ansteigend, vorbei an Sommerhäusern über die Kirchberger Alm zur Neuen Magdeburger Hütte (Tel.: Österreich – 05238/88790), die schön auf einem ausgedehnten Almboden liegt.

2. Tag:

Neue Magdeburger Hütte (1633 m) – Solsteinhaus (1806 m) – Mösl-Alm (1252 m) – Pfeis Hütte (1922 m)

Dauer: 6,5 Stunden; Anstieg: 1000 Hm, Abstieg: 700 Hm

Foto: J. Blochinger

Schwindelfreiheit und Trittsicherheit (Drahtseile und Eisenklammern) im ersten Wegstück erforderlich.

Bald nach dem Aufbruch an der Magdeburger Hütte beginnt der technisch wohl anspruchsvollste Abschnitt der gesamten Tour: Der Zirler Schützensteig, ein wunderschöner, aussichtsreicher, in den Südabstürzen des Großen Solsteins verlaufender Steig zwischen Magdeburger Hütte und Solsteinhaus (1806 m). Der eindrucksvolle Verlauf lässt sich schon gut von dem nördlich über der Magdeburger Hütte gelegenen Hügel in der steilen Wand verfolgen. Der Weg beginnt nach Überqueren eines Zauns an der nördlichen Grenze des Almgeländes. Durch steiles Gelände führt der Steig nach Nordwesten, immer wieder an exponierten Stellen mit Drahtseilen gesichert. Nach dem »Kaminl«, einer versicherten Steilrinne, verläuft der Weg ohne größere Höhenunterschiede über die latschenbewachsene Westseite des Großen Solstein zum Solsteinhaus (bis hier 2 Std.).

Bitte gehen Sie dieses erste Wegstück nur, wenn Sie schwindelfrei und trittsicher sind. Sind Sie mit einer Gruppe unterwegs, müssen Sie bei jedem Gruppenmitglied Schwindelfreiheit und Trittsicherheit voraussetzen können. Anderenfalls gibt es die Möglichkeit, am 1. Tag direkt von Hochzirl zum Solsteinhaus (2,5 Std.) aufzusteigen und von dort die Tour am nächsten Tag in der folgenden Weise fortzusetzen.

Der Weiterweg ist nun hinsichtlich möglicher alpiner Anforderungen vollkommen problemlos. Es geht bergab in nördlicher Richtung durch den Jöchlwald, dann auf dem am Kristenbach entlangführenden Forstweg vorbei an der Kristen Alm bis dieser im Gleierschtal endet (1176 m). Jetzt der Forststraße in östlicher Richtung folgend, vorbei an der bewirtschafteten Mösl-Alm (1252 m, bis hier 4 Std.) immer leicht ansteigend weiter hinein in das eindrucksvolle Tal, umgeben von den Bergen der Gleiersch-Halltal-Kette im Norden. Erst das letzte Wegstück vor der Pfeis-Hütte (Tel.: 0512/292333) wird richtig steil.

Der Umstand, dass der Weg dieses Tages ab der Hälfte weitgehend über Forststraßen führt, bietet die Möglichkeit, auf diesem Wegabschnitt die Aufmerksamkeit auf das Gehen (vgl. Thema: Gehen) selbst zu richten. Dieses Stück kann in einer Gruppe auch gut schweigend zurückgelegt werden.

Foto: J. Blochinger

3. Tag:

Pfeishüte (1922 m) — Stempeljoch (2215 m) — Lafatscher Joch (2081 m) — Halleranger Alm (1760 m)

Dauer: 3 Stunden; Anstieg: 400 Hm, Abstieg: 550 Hm

Abstieg vom Stempeljoch steil und mit Drahtseilen gesichert (Trittsicherheit und Schwindelfreiheit – beson-

ders bei Schnee im Abstieg vom Stempeljoch – erforderlich).

Von der Pfeishütte geht es zum Stempeljoch (2215 m). Jenseits etwa 200 Höhenmeter steil, mit Drahtseilen gesichert, dann abwärts (teilweise bis in den Sommer hinein schneebedeckt[34]) bis am Fuß der Stempeljochspitze der Wilde-Bande-Steig beginnt. Auf diesem guten Steig durch die Südflanke des Großen Lafatscher zum Lafatscher Joch (2081 m, bis hierhin 2,5 Stunden). Von hier abwärts, dann durch den Lafatscher-Durchschlag auf das ausgedehnte Almgelände des Hallerangers. Die Alm (Tel.: 05213/5277) liegt 300 Meter nordöstlich der Alpenvereinshütte »Hallerangerhaus« (Tel.: 05213/5326), sehr aussichtsreich auf einem kleinen Grashügel.

Nur wenige Minuten von der Alm entfernt liegt die Isarquelle. Steigen Sie wieder den Hügel hinab zur Brücke über den Lafatscher Bach und folgen Sie dem Bachlauf aufwärts entlang des kleinen Steiges etwa 200 Meter. Als Orientierungshilfe steht auf einem Felsbrocken an der Quelle groß »Isar Quelle« geschrieben. Ein besonderer Ort!

In den verbleibenden Stunden des Tages bieten sich optional zwei Gipfelbesteigungen an, die beide weitgehend über gute und teilweise gesicherte Steige verlaufen: Die Sunntigerspitze (2321 m) im Norden und die Speckkarspitze (2621 m) im Süden. Beide Anstiege verlangen Trittsicherheit und Schwindelfreiheit. Die Speckkarspitze erfordert zudem leichte Kletterei im I. Grad.

Der Steig auf die Sunntigerspitze beginnt direkt nördlich der Alm und führt zunächst durch Latschenhänge, später über den Kamm zum Gipfel (1,5 Std.).

Zur Speckkarspitze wieder zurück bis zum bereits beim Abstieg vom Lafatscher Joch passierten »Nördlichen Jochkreuz«. Wenig oberhalb davon beginnt der Steig zum

Gipfel (2,5 Std.), der im oberen Teil durch Felsengelände und Schrofen führt (Der Alpenvereinsführer gibt hier den Hinweis: »Stellen I, brüchiges Gestein«[35]).

Bei entsprechender Ausrüstung bietet es sich auch an, den von dem Hüttenwirt des Hallerangerhauses eingerichteten Klettergarten im Naturfels zwischen Durchschlag und dem Kleinen Lafatscher zu nutzen.

Foto: K. Waldau

4. Tag:

Halleranger (1760 m) — Gasthaus Karwendelrast (840 m)/Schwaz (540 m)

Dauer: 6 Stunden; Anstieg: ca. 400 Hm, Abstieg ca. 1300/1600 Hm

Trittsicherheit erforderlich, bei Nässe unangenehm. Unterwegs keine Unterkunft, keine Wirtschaft.

»Einer der faszinierendesten Abstiege im ganzen Kalkalpenbereich überhaupt, mit Worten nicht zu beschreiben«, so stellt Walter Pause diesen Abstieg durchs Vomper Loch in seiner Sammlung »Münchner Hausberge«[36] vor. Es stimmt. Dieser lange Abstieg führt durch eine Landschaft, die so gewaltig und entlegen ist, dass man mit Erstaunen an der »Karwendelrast« feststellt, doch eigentlich gar nicht so weit von dem Getriebe der Zivilisation entfernt gewesen zu sein wie in diesen Stunden gedacht. Wir trafen auf unserer Bergexerzitien-Tour an einem schönen Sonntag im September in den sechs Stunden zwei Wanderer.

Vom Halleranger führt der Weg über das Überschalljoch (1910 m) hinab über das Lochhüttl (1244 m) in den Talboden des Vomper Lochs. Hier weiter auf der orographisch rechten Talseite zum Jagdhaus »In der Au« (1077 m, bis hierhin ca. 3 Std.). Nun nach Bachquerung jenseits des Baches steil bergauf, dann, nach weiteren kurzen Anstiegen, auf schmalem Pfad ohne größere Höhenunterschiede zur Katzenleiter, einem durch Stufen gut gangbar gemachten Steilabfall. Von hier über das Jagdhaus »Im Zwerchloch« (1008 m, bis hier ca. 5 Std.) zum Gasthaus »Karwendelrast« mit Straßenanschluss. Sollte ab hier keine Mitfahrgelegenheit zur Verfügung stehen (keine Bushaltstelle!), bleibt noch der Weg nach Schwaz oder Vomp zum nächsten Bahnhof (ca. 50 min.)

GESTALTUNG
DER TAGE

Alles hat seine Zeit.

Für jedes Geschehen unter dem Himmel

gibt es eine bestimmte Zeit.

Kohelet 3,1

Es gibt hinsichtlich der tageszeitlichen Gestaltung von Bergexerzitien kein exemplarisches Muster, das sinnvoll für die Durchführung vorzugeben ist. Zu unterschiedlich ist die Art und Weise des Unterwegsseins, je nach Gruppe oder Einzelnem.

Die Gestaltung der Tage ist damit keineswegs willkürlich. Es gibt Elemente, die jeden Tag im Gebirge prägen: Zeiten der Stille und Einsamkeit wechseln mit Zeiten des Gesprächs und der Begegnung; Zeiten einer ausdrücklichen Sprache zu Gott in Gebeten und biblischen Texten wechseln mit Zeiten der unausdrücklichen, stummen Gottesbegegnung; und Zeiten eines fordernden, mühsamen, gefahrvollen Weges prägen diese Tage ebenso wie Zeiten, in denen das Gehen leicht und frei wird als läge keinerlei Mühe und Beschwerlichkeit darin.

Entsprechend dieser grundlegenden methodischen Vorgabe sollen im Folgenden an Stelle der Vorstellung eines festen Tagesablaufes nur einige wenige Bemerkungen zu den einzelnen Elementen des Exerzitienweges als Anregung für die Tagesgestaltung dienen.

Thema

Sind Sie mehrere Tage unterwegs, bietet es sich an, jeden Tag unter ein Thema zu stellen. Auch für die Gestaltung kürzerer Touren ist diese Zuordnung sinnvoll. Versuchen Sie nicht, einen Tag mit mehreren Themen zu füllen. Vielleicht finden Sie zudem noch einen »Titel« für Ihren Weg durch die Berge, ein Thema also, in dem die Einzelthemen verbunden und zusammengefasst sind.

Texte

Sie müssen entscheiden, wie Sie Texte unterwegs einsetzen. Es ist sinnvoll, zu jedem Thema nur einen Text auszuwählen, der in besonderer Weise das Thema des Tages entwirft. Sie können den Text beispielsweise in der Gruppe am Beginn des täglichen Weges gemeinsam lesen und eine kurze Einführung in das Thema des Tages anschließen oder auch ausschließlich als Anregung zum Selbststudium jedes Einzelnen im Laufe des Tages einsetzen.

Textmaterial finden Sie zu den einzelnen Themen im Kapitel II dieses Buches. Zur weiteren Anregung beachten Sie bitte auch die Literaturhinweise im Anhang. Noch ein Hinweis für all diejenigen, die selbst mit einer Gruppe Bergexerzitien veranstalten wollen. Geben Sie Texte für die Tage nicht in Form loser Blätter an die Teilnehmer weiter, da diese nicht für den Transport im Rucksack geeignet sind. Stellen Sie besser aus den Texten ein kleines Heft zusammen.

Schweigen

Wenn Sie in der Gruppe unterwegs sind, sollten Sie Bergexerzitien nicht als Schweigeexerzitien durchführen. Es gibt immer wieder Abschnitte des Weges, die anspruchsvoll sind und Kommunikation in der Gruppe notwendig machen. Weiterhin ist es sonderbar und kaum realisierbar, am Abend auf der Hütte als »schweigende Gruppe« aufzutreten. Gleichwohl aber ist es gut, in der Gruppe Schweigezeiten auf dem täglichen Weg zu vereinbaren. Hierzu eignen sich einfachere Wegstücke, auf denen es dann auch problemlos möglich ist, sich eine Zeit lang zu »vereinzelnen«, das heißt, dass jeder seinen eigenen Rhythmus im Abstand zu den anderen Teilnehmern der Gruppe geht.

Das Vorhaben, die Zeit in den Bergen (fast) ausschließlich schweigend zu verbringen, lässt sich nur entweder alleine oder auf einer Selbstversorgerhütte umsetzen.

Reflexion

In der Gruppe ist die Reflexion, das Gespräch über das Erlebte, am Ende des Tages wichtig. Sind Sie als Leiter für eine Gruppe zuständig, ist es hilfreich, sich für eine Reflexion mit allen Teilnehmern Impulsfragen zu überlegen. Dieser gemeinsame Teil kann mit einem Dank- und Segensgebet abgeschlossen werden.

Gebet

Auch – und vielleicht besonders – hier gilt es, die eigene Form der Gestaltung zu finden. Als feste Gebetszeiten in der Gruppe haben wir auf unseren Touren den Morgen und Abend gewählt. Viele Psalmtexte eigenen sich für das Gebet am Beginn und Ende des Tages (beispielsweise der »Bergsegen«, Psalm 121, Text s.a. Kap.II, Thema »Eintritt«). Ein Morgengebet finden Sie auch im Anschluss an diesen Abschnitt.

Vielleicht ergibt sich in diesen Tagen auch die Möglichkeit, einen Gottesdienst zu feiern.

Gehen

Sind Sie von Hütte zu Hütte unterwegs, ist eine tägliche Gehzeit von fünf bis sieben Stunden (ohne Pausen) sinnvoll.

Für das Gehen in der Gruppe bei Bergexerzitien bieten sich zwei Varianten an[37]:

● Selbstständiges Gehen zwischen bestimmten Punkten:

Die Gruppe vereinbart einen Treffpunkt. Auf dem Wegstuck dorthin geht jeder Teilnehmer selbstständig, auch mit größerem Abstand. Ein Leiter sollte der Gruppe folgen. Wichtig ist bei dieser Methode, dass der Weg einfach und der Verlauf eindeutig ist. Es darf keine Passagen geben, die eine sicherungstechnische Betreuung erforderlich machen könnten. Vor allem für die Zeiten, in denen am Tag schweigend gegangen wird, bietet sich diese Variante an.

● Geschlossenes Gehen:

Die Gruppe bleibt zusammen. Besonders bei anspruchsvolleren Wegabschnitten und schlechten Wetterverhältnissen (Nebel, Gewittergefahr) ist diese Führungstechnik die Methode der Wahl.

Morgenlicht

Beim aufgehenden Morgenlicht preisen wir

dich, o Herr;

Denn du bist der Erlöser der ganzen

Schöpfung.

Schenk uns in deiner Barmherzigkeit

einen Tag, erfüllt mit deinem Frieden.

Vergib uns unsere Schuld.

Lass unsere Hoffnung nicht scheitern.

Verbirg dich nicht vor uns.

In deiner sorgenden Liebe trägst du uns;

lass nicht ab von uns.

Du allein kennst unsere Schwäche.

O Gott, verlass uns nicht.

Amen.

Altes Gebet der ostsyrischen Christen im ersten Morgenlicht.

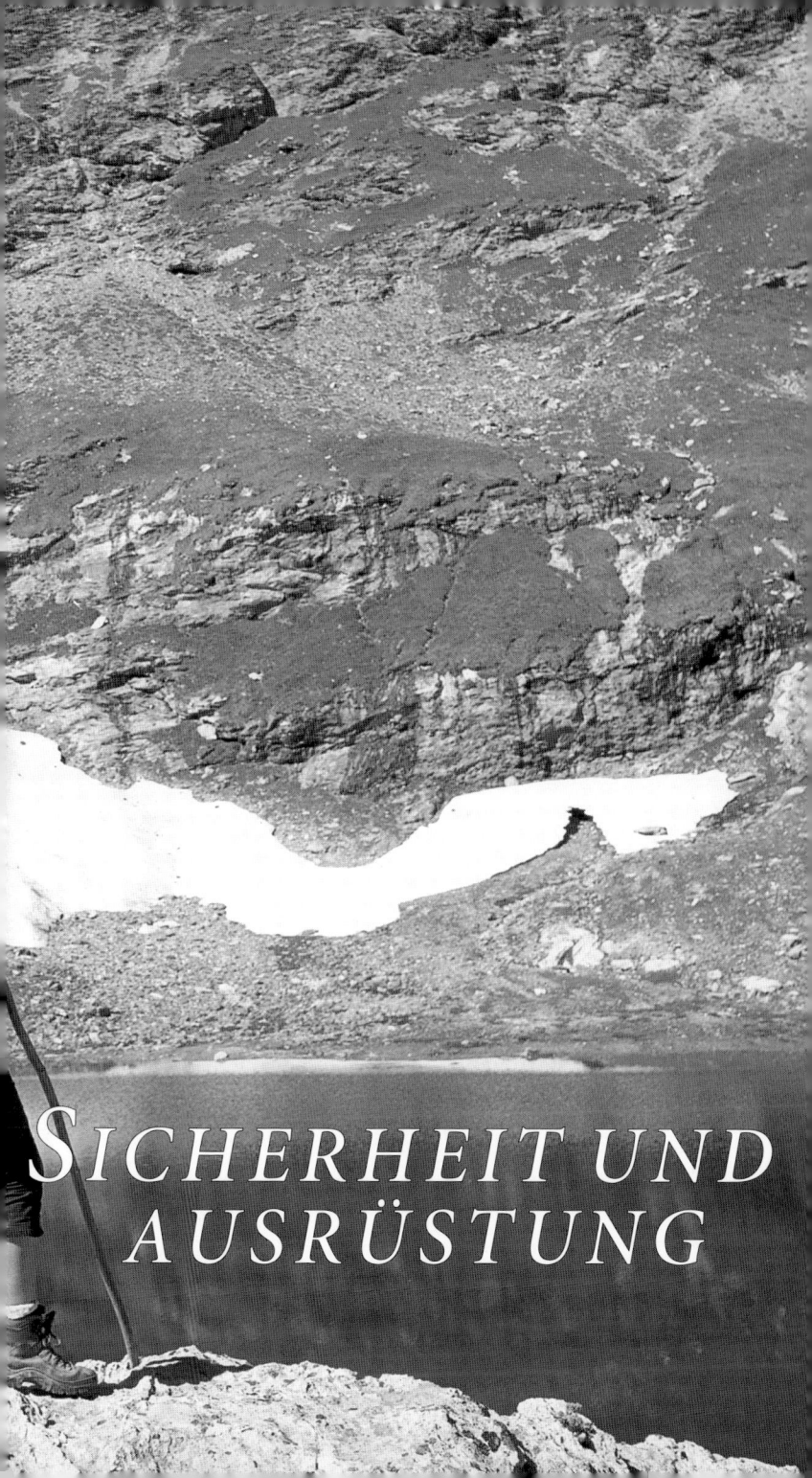

SICHERHEIT UND AUSRÜSTUNG

Berge sind nicht fair oder unfair.

Sie sind gefährlich!

Dieses Hineintauchen in das Nichts

an den großen Bergen.

Da oben habe ich mich nicht gefragt,

warum ich das tue, warum ich da bin.

Das Steigen, die Konzentration,

das Sich-Aufwärtsmühen waren die Antwort.

Ich selbst war die Antwort,

die Frage war aufgehoben.

Reinhold Messner

Jeder Aufenthalt in alpinen Regionen bedarf genauer Vorplanungen im Hinblick auf Bekleidung, sonstige, für die geplante Art von Touren notwendige Ausrüstungsgegenstände, Einschätzung der physischen und psychischen Kondition, Unterkunft, Verpflegung, Orientierung und Wetter. Das gilt insbesondere für diejenigen, die eine Gruppe anführen. Nicht nur geistliche Kompetenz ist in diesem Falle gefordert, sondern die Fähigkeit, Menschen sicher durch alpines Gelände zu führen.

Im Folgenden sollen einige, in keiner Weise aber alles umfassende Hinweise für Führer von Gruppen im Gebirge gegeben werden.

Grundlegend sind Rucksack, Bergschuhe, gebirgstaugliche Funktionsbekleidung, Sonnenschutz sowie die Verpflichtung, bei den Teilnehmern auf geeignete Ausrüstung zu achten. Eine Vorbesprechung, bei der auf alle Notwendigkeiten hingewiesen wird, ist deshalb sehr zu empfehlen. Hierbei können zudem bergsteigerische Vorerfahrungen abgefragt und falschen Erwartungen vorgebeugt werden.

Es darf bei der Ausrüstung Erste-Hilfe-Material nicht fehlen, zu dem ausreichend Pflaster, sterile Zellstoff-Mullkompressen (10x10 cm), Leukoplast (mindestens 2,5 cm breit), elastische Binde, Verbandspäckchen mit steriler Wundauflage, Dreieckstuch und Rettungsdecke gehören. Hilfreich kann auch ein Biwacksack sein. Auf Schmerzmittel, Mittel gegen

Durchfall und sonstige persönliche Medikamente sind die Teilnehmer hinzuweisen.

Der Leiter einer Gruppe muss Erste-Hilfe- und Berg-rettungskenntnisse haben.

Die Mitnahme eines Seils kann hilfreich sein, wenn stark exponiertes Gelände durch Geländesteilheit oder Wegunterbrechung einzelne Teilnehmer psy-chisch überfordert oder das Gehen nur mit Sicherung noch zu verantworten ist. Das Seil kann dann als Ge-länderseil, Fixseil oder im äußersten Falle als Ablass-hilfe dienen, wozu der Einsatz von Bandschlinge und HMS-(Halb-Mast-Schlingen-)Karabiner nötig wer-den könnte.

Bei der Planung der Wegstrecke fängt bereits die Si-cherheit bei der Führung einer Gruppe an. Unter-kunft und Verpflegung, insbesondere ausreichendes Trinken, sind zu bedenken. Die schwächsten Mitglie-der müssen das Maß für Länge der Wegstrecke, Häu-figkeit der Pausen, Schwierigkeit des Geländes und psychologische Betreuung sein. Überlegt werden muss auch, wie viele Personen ich überhaupt verant-wortlich mitnehmen kann.

Der Leiter sollte gerade bei den ersten Wegstrecken immer wieder einen Blick auf seine Teilnehmer wer-fen, wie sie sich im exponierten Gelände bewegen und welche Kondition bzw. Konditionslücken sie of-fenbaren.

Zudem hat der Leiter eine Informationspflicht hinsichtlich des Routenverlaufs und der zu erwartenden Schwierigkeiten.

Großes Augenmerk muss er während des Weges auf mögliche Gefahrenstellen richten und entsprechend die Marschordnung bestimmen. In steinschlaggefährdeten Zonen muss dicht hintereinander gegangen werden, wenn zu erwarten ist, dass Gruppenmitglieder Steine lostreten, demgegenüber kann es auf bestimmten Wegabschnitten sinnvoll sein, seine Leute einzeln in größeren Abständen gehen zu lassen, wenn Steinschlag von weiter oben zu befürchten ist. Hilfreich können Angaben sein, wie man sich in bestimmten Situationen verhalten muss, zum Beispiel beim Ausrutschen auf einem steilen Firnfeld. Selbstverständlich ist es Aufgabe des Leiters, eine sachgerechte Spur legen.

Unabdingbar für den Leiter ist es schließlich, genügend Bergerfahrung zu haben, um auch bei widrigen Wetterverhältnissen die Orientierung immer wieder zu finden, sowie die Wettervorhersage und die Wetterentwicklung während der Tour zu beachten und angemessen den Wegverlauf zu bestimmen.[38]

ANHANG

Anmerkungen

1 Karl, Erlebnis Berg, 49f. © Eva Altmeier, Heidelberg.
2 Simmel, Die Alpen, 128.
3 Vgl. Lexikon für Theologie und Kirche, 1297.
4 Vgl. zur Bestimmung einer Erfahrung als »Widerfahrnis« Böhme, Natur vor uns, 16f.
5 Aus: Stille fernster Rückruf. Gedichte, Ammann Verlag, Zürich 1997
6 Simmel, Die Alpen, 127.
7 Rahner, Alltägliche Dinge, 12f.
8 Peskoller, BergDenken, 298.
9 Tomberg, Der Odem des Lebens, 223–234.
10 Zur Vertiefung des Themas vgl. Mundy, Das Geh-Betbuch.
11 Also sprach Zarathustra, 3. Teil, Vor Sonnen-Aufgang.
12 Precht, Klettern am Hochkönig, 30.
13 Ebd., 32.
14 Ebd., 35.
15 Karl, Erlebnis Berg, 138.
16 Wilhelm Meisters Wanderjahre, 2. Buch, 9. Kapitel.
17 Zit.n. Schmitz, H.
18 Der Gefühlsraum, 202.
19 Anonymus, Die Großen Arcana des Tarot, 10.
20 Gottfried Benn, Gedichte.
21 Karl, Erlebnis Berg, 111. © Eva Altmeier, Heidelberg.
22 Peskoller, BergDenken, 298.
23 Messner, Grenzbereich Todeszone, 179.
24 James, Die Vielfalt religiöser Erfahrungen, 98.
25 Aus: Alltägliche Dinge. Theologische Meditationen, Benziger-Verlag, Einsiedeln/Düsseldorf.
26 Stecher, Botschaft der Berge, 32.
27 Karl, Erlebnis Berg, 164.
28 Messner, Grenzbereich Todeszone, 227.
29 Zit.n. Koop, Den Tod riskieren, das Leben gewinnen, 38.
30 Romano Guardini, Psalter und Gebete, 344.
31 Übersetzung nach Rudolf Schnackenburg.
32 Büchner, Lenz, 4.
33 Klier, Karwendel.

34   Ebd., 88.
35   Ebd., 150.
36   Pause, Münchner Hausberge, München, 1978, Tour 39.
37   Vgl. Kraus/Schwiersch, Die Sprache der Berge, 180–185.
38   Empfehlenswerte Literatur zu diesem Thema sind insbesondere die beiden Alpin-Lehrpläne von Schrag und Schubert/Stückl.

Literatur

Anonymus: Die Großen Arcana des Tarot. Meditationen. Mit einer Einführung von Hans Urs von Balthasar, Bd. 1, Basel 1983.

Benn, G.: Gedichte. In der Fassung der Erstdrucke, Frankfurt 1982.

Böhme, G.: Natur vor uns. Zug 2002.

Büchner, G.: Lenz. Der Hessische Landbote (1834), Stuttgart 1957.

Dauer, T.: Reinhard Karl – Ein Leben ohne Wenn und Aber, Zürich 2002.

Falter, R.: Berge. Versuch einer Wesensbeschreibung (I), in: Novalis 11/12 2000, 58–60.

Falter, R.: Der Berg als Gott – Wahrnehmung und Darstellung der Berge in der Antike, in: Berg 2001 (125), 222–237.

Gesner, K.: Brief über die Bewunderung der Berge (1555), u.a. in: Frühe Zeugnisse (Alpine Klassiker Bd.V), München 1986.

Govinda, L.A.: Der Weg der weißen Wolke, Bern/München/Wien [9]1985.

Guardini, R.: Deutscher Psalter, Theologische Gebete, Mainz 1998.

Hohl, L.: Bergfahrt, Frankfurt/Main 1975.

James, W.: Die Vielfalt religiöser Erfahrungen (1901), Frankfurt 1997.

Karl, R.: Erlebnis Berg. Zeit zum Atmen, München 1993.

Klier, W.: Karwendel. Gebietsführer für Wanderer und Bergsteiger, München 1986.

Koop, C.: Den Tod riskieren, das Leben gewinnen, in: DAV Panorama 3/2000, 37–39.

Kraus, L./Schwiersch, M.: Die Sprache der Berge. Handbuch der alpinen Erlebnispädagogik, Ailing 1996.

Lexikon für Theologie und Kirche, Bd. 3, Freiburg/Basel 1983.

Messner, R.: Alleingang. Nanga Parbat, München 1979.

Messner, R.: Der gläserne Horizont, München 1982.

Messner, R.: Grenzbereich Todeszone, Köln 1987.

Mundy, L.: Das Geh-Betbuch. Wie beten geht, wenn man geht, Freiburg/Basel 1998.

Nietzsche, F.: Also sprach Zarathustra (1985), Stuttgart 1983.

Pause, W.: Münchner Hausberge, München [14]1978.

Petraca, F.: Die Besteigung des Mont Ventoux (1336), München 1936.

Peskoller, H.: BergDenken, Wien 1997.

Peskoller, H.: Bergeinsamkeit. Messners Scheitern am nackten Berg – Eine Dekonstruktion, in: Reinhold Messners Philosophie, hrsg. v. V. Caysa/W. Schmid, Frankfurt 2002, 76–114.

Popko, M.: Berge in Mythos und Geschichte des alten Orients, in: Berg ´92 (116), 283–288.

Precht, A.: Klettern am Hochkönig, in: Berg 2002 (126), 29–45.

Rahner, K.: Alltägliche Dinge, Theologische Meditationen, Einsiedeln/Köln/Zürich (o.J.).

Rilke, R.M.: Werke I, Gedichte 1. Teil, Frankfurt 1955.

Ritzhaupt, F.: Wegzeichen. Bergsteigen und christliche Existenz, Bozen 1980.

Schmitz, H.: System der Philosophie, Bd. 3, 2. Teil, Der Gefühlsraum, Bonn 1981.

Schrag, K.: Bergwandern, Trekking, München – Wien – Zürich 2001 (Alpin-Lehrplan Band 1).

Schubert, P./Stückl, P.: Sicherheit am Berg. Ausrüstung, Sicherung, München – Wien – Zürich [3]1999 (Alpin-Lehrplan Band 5).

Simmel, G.: Das Abenteuer, in: ders.: Philosophische Kultur (1911), Berlin 1998, 25–37.

Simmel, G.: Die Alpen, in: ders.: Philosophische Kultur (1911), Berlin 1998, 125–130.

Stecher, R.: Botschaft Berge, Innsbruck/Wien [10]1994.

Tomberg, V.: Der Odem des Lebens, in: Lazarus, komm heraus, Freiburg/Basel 1985, 223–235.

Wozniakowski, J.: Die Wildnis. Zur Deutungsgeschichte des Berges in der europäischen Neuzeit, Frankfurt 1987.

Adressen und Telefonnummern

(Stand: Sommer 2002)

Hütten

Die wohl kompletteste Zusammenstellung aller Berghütten in den Ostalpen findet sich in den beiden Bänden »Alpenvereinshütten« (Band I: Ostalpen, Band II: Südalpen), die im Bergverlag Rother erschienen sind. Viele DAV Sektionen bieten ihren Mitgliedern diese Führer zu Sonderkonditionen an. Für die Westalpen gibt es entsprechende Hüttenverzeichnisse über den Buchhandel. Auf der Suche nach einer kleineren Selbstversorgerhütte lohnt sich oft die Anfrage bei der eigenen, bzw. nächstliegenden Sektion des Deutschen Alpenvereins.

Wetter

Die aktuelle Ansage des Alpinwetterdienstes »Euromet-Alpin« kann unter folgender Rufnummer abgehört werden:

Alpenwetter	0190-116011
Ostalpen	0190-116018
Schweiz	0190-116017

Preisgünstiger sind die Informationen im Internet erhältlich. Auf der Homepage des DAV (www.alpenverein.de) wird der Alpenwetterbericht des Wetterdienstes Innsbruck in der jeweils aktuellen Fassung veröffentlicht.

Alpine Auskunftsstellen

DAV   089-294940
OeAV   0512-587828
AVS   0471-413809

Adressen alpiner Vereine

Deutscher Alpenverein
Von-Kahr-Str. 2–4
80997 München
Tel.: 089-14003-0
www.alpenverein.de

Österreichischer Alpenverein
Wilhelm-Greil-Str. 15
A-6010 Innsbruck
Tel.: 0043-512-59547

Alpenverein Südtirol
Vintlerdurchgang 16
I 39100 Bozen
Tel.: 0039-0471-978114
www.alpenverein.it

Schweizer Alpenclub
Monbijoustrasse 61
CH-3000 Bern 23
Tel.: 0041-31-3701818
www.sac-cas.ch

Angebot von Bergexerzitien

Die folgenden Angaben stellen nur eine kleine und unvollständige Auswahl dar. Es gibt sicher weitere Bildungs- und Exerzitienhäuser in Bergnähe, die Bergexerzitien anbieten.

Schweiz
Notre-Dame de la Route
17, chemin des Eux-Vives
CH-1752 Villars-sur-Glane/Freiburg
Tel.: 026-4097500
www.ndroute.ch/de

Österreich
Sankt Georgenberg in Schwaz bei Innsbruck
Tel.: 05242-6327633 (Kursinformation)
www.st-georgenberg.at

Deutschland
Aktionszentrum Benediktbeuern
Don-Bosco-Str. 1
83671 Benediktbeuern
Tel.: 08857-88-302-303
www.aktionszentrum.de

AK »Kirche und Sport« in München/Freising
Preysingstr. 99
81667 München
Tel.: 089-48092346

AK »Kirche und Sport« in Augsburg
Don-Bosco-Platz 3
86161 Augsburg
Tel.: 0821-4380461

»Berge sind stille Meister und

machen schweigsame Schüler.«

Johann Wolfgang von Goethe